打开心世界 · 遇见新自己
HZBOOKS　PSYCHOLOGY

HZ BOOKS
华章心理

U0346976

冲突的力量

如何建立安全、稳固和长久的亲密关系

[美] 埃德·特罗尼克（Ed Tronick）
克劳迪娅·M.戈尔德（Claudia M. Gold） 著

姜帆 译

The Power of Discord

Why the Ups and Downs of Relationships Are the Secret to
Building Intimacy, Resilience, and Trust

机械工业出版社
China Machine Press

图书在版编目（CIP）数据

冲突的力量：如何建立安全、稳固和长久的亲密关系 /（美）埃德·特罗尼克（Ed Tronick），
（美）克劳迪娅·M. 戈尔德（Claudia M.Gold）著；姜帆译 . -- 北京：机械工业出版社，
2022.1
书名原文：The Power of Discord: Why the Ups and Downs of Relationships Are the
          Secret to Building Intimacy, Resilience, and Trust
ISBN 978-7-111-69737-4

I. ①冲… II. ①埃… ②克… ③姜… III. ①心理交往 - 通俗读物 IV. ① C912.11-49

中国版本图书馆 CIP 数据核字（2021）第 260053 号

本书版权登记号：图字 01-2021-4746

冲突的力量：如何建立安全、稳固和长久的亲密关系

出版发行：机械工业出版社（北京市西城区百万庄大街 22 号 邮政编码：100037）
责任编辑：邹慧颖
责任校对：马荣敏
印　　刷：中国电影出版社印刷厂
版　　次：2022 年 1 月第 1 版第 1 次印刷
开　　本：147mm×210mm 1/32
印　　张：8.75
书　　号：ISBN 978-7-111-69737-4
定　　价：59.00 元

客服电话：（010）88361066 88379833 68326294　　投稿热线：（010）88379007
华章网站：www.hzbook.com　　　　　　　　　　　　读者信箱：hzjg@hzbook.com
版权所有·侵权必究
封底无防伪标均为盗版　　本书法律顾问：北京大成律师事务所 韩光 / 邹晓东

献 给
马萨诸塞大学波士顿亲子心理健康项目的
教员与研究员

赞　誉

既生动又让人爱不释手……人际联结具有一种治愈的力量，这种力量在于让我们进入一系列每时每刻的错位之中……只要我们愿意修复错位并重建联结。

——巴塞尔·范德考克（Bessel van der Kolk），医学博士，世界知名心理创伤治疗大师，著有《身体从未忘记》（*The Body Keeps the Score*）

我们与依恋对象的关系往往具有天然的"混乱"，充满了不和谐，因为错位会破坏关系世界中可能存在的协调与共鸣。这本重要的作品阐述了如何在错位－修复过程中重建联结。这种对联结的重建能让我们发展出复原力，面对生活中那些重要的、自我定义的亲密关系中不可避免的隔阂。这本充满智慧的书能帮助我们将这种关系的破裂视作机会，而不是麻烦的负担，在某种意义上，这种痛苦但重要的挑战能为我们提供互动性的、重建联结的体验，这种体验是幸福生活的基础。

——丹尼尔·J. 西格尔（Daniel J. Siegel），医学博士，美国著名儿童积极心理学家，加州大学洛杉矶分校医学院临床医学教授，著有《全脑教养法》(*The Whole-Brain Child*)和《去情绪化管教》(*No-Drama Discipline*)

在这本人人必读的好书中，埃德·特罗尼克和克劳迪娅·戈尔德为我们所有人提供了一套科学的指南，帮助我们应对社会交往中的混乱。在这本书中，他们不是在寻求完美，而是告诉我们，作为父母、朋友和爱人，我们不可避免地犯错以及对错误的弥补才是真正重要的。因为在弥补的过程中，我们会"共同建构一种新的意义"，使得我们的关系茁壮成长、不断发展、充满活力并变得足够美好。买下这本书吧！

——约翰·戈特曼（John Gottman），"婚姻教皇"，著有《幸福的婚姻》(*Seven Principles for Making Marriage Work*)

这本既深刻又充满智慧的书阐述了与依恋对象的联结和失去联结的舞蹈，将如何塑造我们的神经系统、情感生活、自我意识，以及我们与他人共舞的能力。我们与他人产生错位的时候，我们才能真正学会改变、接触、联结。这本书里没有关于如何与孩子或爱人建立完美关系的窍门，只有对生活和爱的不完美如何让我们更强大的深刻理解。

——苏·约翰逊（Sue Johnson），情绪取向伴侣治疗学派的创建者，著有《依恋与亲密关系》（*Hold Me Tight*）

本书对我们当代的人际关系状况进行了精彩的概述，认为人们（儿童与成人）最需要的是真实关系中的混乱、冲突、不充分的问题解决以及为修复关系做出的努力。为了维持健康的关系，我们要练习注意力与倾听、建立联结。我们要锤炼我们的人性，正确看待科学技术。这是一本引发思考和行动的书，一本必读的书。

——雪莉·特克尔（Sherry Turkle），麻省理工学院社会学教授，著有《群体性孤独》（*Alone Together*）

目　录

起　源

　　本书为人们提供了一种思考自身、思考关系的新方法。在数十年的研究和临床经验中，吸引着我们不断探索的是这些基本问题：为什么有些人能拥有许多满意的、亲密的社会关系，而另一些人却在忍受隔阂和孤独的痛苦？为什么有些人感到悲伤、不愿社交、缺乏自尊，有些人暴躁易怒、难以集中注意力、很不自信，而有些人却很快乐、富有好奇心、自信、心中充满了爱？我们从他人那里获得的归属感和依恋感，与我们个人的自我意识的发展有何关联？也许最重要的问题是，上述问题的答案将如何指引我们，在人人都会经历的失落与孤独中找到联结与亲密感。在向你讲述我们的发现之前，请让我们先介绍一下自己，聊聊我们各自的故事，以及我们是如何开始共同创作本书的。

克劳迪娅的故事：从管理到倾听

那是 2004 年的事了。在我居住的小镇上有一家儿科诊所，而我是诊所里颇受认可的行为学专家。我越来越觉得，无论是我所受的儿科学培训，还是我近 20 年来的执业经验，都无法让我很好地应对办公室里出现的各种挑战。提问、指导建议以及行为管理，常常会给我本人以及向我咨询的家庭带来挫败感和失败感。后来，有两次来访（一次是一个"叛逆"的青春期男孩，另一次是一个三个月大、患有"腹绞痛"的女婴）改变了这一切。

我花了 20 分钟与 15 岁的亚历克斯单独见面，通常完成"注意缺陷多动障碍评估"的时长为 30 分钟。然后，我邀请他的父母里克和卡门加入我们的谈话。亚历克斯蜷缩在检查台的角落里，紧紧地裹着外套，默默地盯着地板。里克和卡门双手交叉在胸前，站在离对方尽可能远的地方。房间里的狭小空间几乎无法容纳他们表现出来的愤怒与疏离。

第一次与亚历克斯和他父母见面的时候，我按照惯例，依照注意缺陷多动障碍的标准化诊断评估[1]询问了亚历克斯的病史。根据注意缺陷多动障碍的评定量表，他们给我的回答似乎表明，亚历克斯可能符合这种障碍的诊断标准。我们安排了一次随访，以便进一步评估和讨论治疗方案。

但在几周后的第二次会面中，我的做法却有所不同。我在那一年开始到新成立的伯克希尔精神分析研究所（Berkshire Psycho-analytic Institute）学习。该研究所开设了一个旨在培训精神分析师的项目，在这个项目中，研究所为那些不是心理健康临床工作者但在相关领域工作的人提供了一个深造机会。彼时，我遇到了一系列儿科学培训中没有涉及的新理念。关于人际关系在个体成长与发展中的重要的基础作用，儿科医生所受的教育实在是少得惊人。

从那个时候起，由儿科医生转行为精神分析师的 D. W. 温尼科特（D. W. Winnicott）的著作，就成了对我影响最大的作品之一。温尼科特的思想是在第二次世界大战后的英格兰发展起来的。在那时的英格兰，和当时多数西方社会一样，人们认为母亲是家庭中提供基本照料的人——喂养、洗澡、穿衣。不过，母子关系本身却没有多大价值。在二战期间，伦敦的孩子经常被带离家庭，以免受到空袭的威胁，并且住院的孩子将长期与父母分离，但没有人考虑过这样做的后果。温尼科特则是最早开始引入不同思维方式的人之一。

在我第二次见亚历克斯和他父母的那段时间前后，我正在读一篇温尼科特关于"**真我**"[2]的论文。他谈到，父母自身的问题可能会影响他们看待孩子的方式，以至于他们不能看清孩子真实的样子，无法理解孩子的行为到底传达了什么信息。我在工作中遇到的另外一位母亲很好地例证了这个观点。她的大儿子事事都要争先，她为此十分烦恼。想要带着一个 5 岁的孩子和一个 2 岁的孩子出门，开始变得越来越困难。见过几面之后，这位母亲在向我讲述她哥哥在她小的时候就去世时哭了。为了逃离这个伤心之地，他们一家搬去了很远的地方，但从来没有面对过丧失的哀伤。养育这两个年龄相仿的孩子的经历，让她所有的哀伤都涌上了心头。在她讲述这个故事的时候，她的儿子一直在地板上静静地画画，然后儿子爬上了妈妈的膝盖，递给了妈妈一幅画，画里有一个在原野之中的人。他说："这是你，不是我。"这恰恰是"童言无忌"的完美体现。儿子的行为源于典型的手足之争，但母亲心中未经处理的哀伤蒙蔽了她的双眼，而且她的过激反应让情况变得更糟。当在我办公室的安全环境下讲完这个故事之后，她就能对儿子的"真我"做出回应了，这样一来，她便能平静地管教儿子的行为了。手足之间的激烈竞争也随之消失了。

我不曾有意改变自己的工作方法（这种改变更多的是出于偶然），但我的学习经历的确为我提供了新的思维框架，帮助我更好地理解那些开始出现的转变，比如接下来发生在亚历克斯和他家人身上的事情。后来，我就可以从容地应用自己发现的规律了。我最早迈出的这几步，让我改变了我工作中的主要目标，走上了从"管理"到"倾听"的转变之路。我开始注意到，当父母出于各种原因与孩子失去联结的时候，孩子就会出现行为问题——后来，借助埃德的话，我将这种情况理解为**"错位"**（mismatch）。

当我倾听父母的心声时（孩子也在旁边），父母能够发现，他们的某些感受让他们难以看到孩子的真我，这些感受往往是羞耻、愤怒和哀伤的组合。我尝试带着好奇心去倾听，而不是直接从诊断跳到治疗。我不再思索"这是什么问题"以及"我们该怎么做"，我转而询问一些开放式的问题，例如"你孕期的情况如何""你孩子在婴儿期是什么样的"以及"她是否让你想起了原生家庭里的某个人"。用这种方式邀请父母谈话，他们就能打开话匣子，分享的故事也会越来越多。我将从温尼科特等人那里学到的东西牢记在心，希望通过倾听捕捉到一些线索，从而帮助我们找寻问题行为背后的含义。我们怎样才能理解孩子所传达的信息？就在家庭成员与我一同分享那些重建联结的动人故事的同时，他们的关系与行为也开始出现了巨大的转变。这就是接下来我与亚历克斯和他的家人一起工作时所发生的事情。

在第二次来访的几分钟后，亚历克斯的母亲被她丈夫说的一句话惹火了，怒气冲冲地冲出了办公室，到候诊室去了。在她摔门而出之后，里克几乎不为所动，反而发了一通关于儿子的牢骚："他太懒了，从来不听话。他除了自己以外，谁都不关心。"为了确认里克的痛苦体验，同时保护亚历克斯不受他暴怒的伤害，我改变了谈话的方向，转而询问一些关于里克日常生活的简单问题，从而化解了此刻的困境。我问了他的工作，他通常什么时候回家，他与家人一起相处的时间有多少。有了讲述自己故事的机会，里克平静下来，开始了倾诉。办公室的安静空间里不再充斥着评定量表里的问题，而是终于有了倾听。我观察到父亲和儿子明显放松下来了，他们的身体姿势也逐渐舒展开来。他们第一次有了眼神交流。在我保持安静的时候，他们开始了直接的、面对面的交流。里克不再攻击亚历克斯了，他似乎感觉更加安全了，也愿意谈到他因家庭裂痕不断扩大而感到悲伤，以及他渴望与亚历克斯建立联结时的无助了——因为亚历克斯已经进入青春期。亚历克斯告诉父亲，他害怕听到父母吵架，而且害怕经常听见他们为他争吵，此时他脸上露出了渴望与宽慰的神情。由于总是被这些令人不安的经历所困扰，亚历克斯觉得自己难以在学校里集中注意力。我现在意识到，眼前的困境正是由彼此间的误解与沟通不畅导致的一种恶性循环。卡门和里克把亚历克斯看作一个懒惰、叛逆的男孩，而亚历克斯眼中的父母，却一直在发脾气，对他感到失望。亚历克斯的行为成了父母争吵的主题，让整个家庭不断地陷入更深的隔阂。

我意识到，无论事情变得多么糟糕，父母都爱自己的孩子，希望对他们好。之前里克对儿子的敌意让我产生了一些批判的情绪，而我把这种情绪转化成了好奇心。这种心态让我得以与里克站在一起。对于里克来说，与我建立起联结，似乎也让他得以用一种新的方式来思考儿子的行为，从而与儿子也重建了联结。

当卡门从候诊室回来的时候，她对气氛的巨大转变感到惊讶。我表示，我希望对我与亚历克斯见面的情况保密，并提出在几周之后再与卡门和里克单独见面。在下次见面的时候，卡门和里克告诉我，他们之前称为**叛逆**的行为问题，现在在他们看来，已经成了儿子面对家里的紧张气氛和学校里的压力而产生的反应，而且现在这种反应也显著减少了。他们把儿子的行为看作一种交流的形式。他们承认他们的婚姻关系有些紧张，但紧张的程度已经有所下降。卡门和里克告诉我，他们与儿子的关系发生了变化，他们为此感到喜悦与欣慰。与此同时，他们并排坐在一起，转过身看向彼此，开始有了直接的交流。父子间裂痕的弥合，让亚历克斯的父母重新建立了联结。从失去联结到重建联结的过程，为整个家庭带来了成长与改变。我无须再做什么解释。我只是为他们创造了一个平静的空间，让他们去思考，为所发生的事情感到好奇。

在接下来的几年里，我在伯克希尔精神分析研究所学习时读到了精神分析与儿童发展领域里的其他伟大思想家的著作。伦敦安娜·弗洛伊德中心（Anna Freud Centre）的精神分析师（现在也是我的亲密同事）彼得·福纳吉（Peter Fonagy）提出了一些深刻的见解，它们改变了我对自身临床经验的理解。福纳吉提出，认识到他人与自己有着不同动机和意图的能力，也就是他所说的**心智化**（mentalization），是一种发展成就，其根源就在于童年早期的人际关系。当我首次接触埃德·特罗尼克（Ed Tronick）的研究时，我发现，他为温尼科特从临床工作中提炼出来的深刻见解提供了科学证据，而温尼科特的理念对我的思想产生了极大的影响。

我逐渐认识到，信任关系的发展，与里克和亚历克斯的关系转变过程是一致的。从不理解到理解——修复隔阂的过程，能让我们在更广阔的社交世界中形成更加深刻的依恋。在第二次与里克见面时，我与里克向对方敞开了心扉，我没有因为他的愤怒情绪而评判他，也没有试图改变他的行为，我只是确认了他的体验。反过来，他敞开心扉，理解了自己的儿子。我们都从愤怒与评判转变成了简单的倾听。

在我的工作中，这种动态的发展是很常见的。我逐渐意识到，一旦父母和我一同发现了行为背后的含义，父母通常就知道该怎么做了。行为问题也会迎刃而解。

与亚历克斯和他父母的工作令我茅塞顿开，也让我渴望更大的进步。由于注意缺陷多动障碍与儿童双相情感障碍（一种新发现的疾病）的确诊人数在儿科领域里呈爆炸式的增长，我尝试为家庭创造一个空间，让他们重建联结。在某些方面，我所做出的改变是具体的。我开始为预约的家庭留出 50 分钟的时间，而不是标准的 30 分钟，并且会在一间更大、更舒适的办公室里与这些家庭见面。我认识到，充裕的会谈时间和宽阔舒适的物理空间给人的安全感，能够发挥重要的作用。我的工作方式从提问、提供建议，转变为简单的倾听，并且时常和年幼的孩子一起坐在地板上。在这个过程中，我看到许多家庭从最开始的愤怒与隔阂，逐渐地发生转变，最后重新建立起了联结——中途有时还要经历深深的悲伤。年幼的孩子会不由自主地跑到妈妈的怀里。看到这些家庭重新找回了喜悦和爱意，我的双臂经常因激动而微微发麻，我的眼睛里也时常饱含泪水。这些动人的时刻让我想要分享自己的发现，既要分享给父母，也要分享给我的儿科同事，于是我开始了写作。这些经历孕育了我的第一本书《把孩子放在心上》[3]（*Keeping Your Child in Mind*），这本书是写给家长和专业人士的。

下面讲述的第二个故事，从根本上改变了我的工作方法以及我对工作的看法。那时，我刚刚见到三个月大的阿莉娅，这个孩子的问题是腹绞痛。我诊所里的一位儿科医生知道我正在用新的方法帮助那些陷入困境的家庭，于是她把这个家庭转介给了我。她知道这个案例所涉及的并不仅仅是如何处理腹绞痛。对于婴幼儿的父母来说，孩子腹绞痛是一个常见的问题，这不是一种疾病或障碍，而是一种对行为的描述，即过度的哭闹。我们通常用"三定律"来定义腹绞痛：每天哭闹超过三个小时，每周哭闹超过三天，哭闹的时间超过了三个星期。对阿莉娅来说，治疗腹绞痛的各项标准治疗技术（比如抱起来安抚，让孩子听白噪声，使用各种治疗腹绞痛的滴剂，改变母亲的饮食）通通没有效果。

阿莉娅的母亲贾克琳最近被诊断出患有产后抑郁症。妇产科医生建议给贾克琳增加抗抑郁药的剂量，但是在目前的用药剂量下，贾克琳已经觉得自己状态不佳了，她担心加大剂量会妨碍她全身心地陪伴孩子，所以不愿加药。

贾克琳是和她的妻子凯拉一起来的，凯拉已经回到了全职工作的岗位上，她对贾克琳持续不断、日益加深的悲伤一筹莫展。凯拉给我讲了一个生动的故事，让我深入地了解了她们的世界。在她们来见我的那天早上，贾克琳拿着一个从车里带来的杂货袋，突然有一个苹果从袋里掉了出来，见状，贾克琳就瘫在地上哭了起来。

我没有提供腹绞痛的标准治疗建议，而是与贾克琳和凯拉一起坐在地板上，观察婴儿的行为。阿莉娅是所谓的"晚期早产儿"，在第36周的时候出生。在医院的时候，她住的是普通的保育室，而不是提供特殊护理的保育室，医生和护士也没有告诉阿莉娅的两位母亲应该留意哪些特殊情况。然而，儿科医生都知道，即使是早产一两周的婴儿，他们的神经系统也可能发育不成熟，这使得他们的行为信号更加难以解读。我们三个坐在地板上观察阿莉娅的时候，凯拉打了个喷嚏。阿莉娅的整个身体都开始乱动，两条胳膊在头顶上挥舞。顷刻间，原本安静熟睡的她就开始歇斯底里地哭闹。贾克琳立即抱起放声大哭的婴儿，开始在房间里来回走动，用力地摇晃阿莉娅。凯拉用恳求的目光看着我，似乎在问："看见了吗？"

"嗯。"我答道。我和她们感同身受，清晰地体会到了一个婴儿刹那间从安静变成哭泣是多么令人疲惫。我们坐着等了一分钟左右之后，阿莉娅又安静下来了。我分享了我的观察结论，我认为阿莉娅的问题可能在一定程度上与她的早产有关。对于感官刺激的输入，阿莉娅比大多数婴儿都更为敏感，因此她需要父母给予更多的支持，尤其需要母亲帮助她应对各种干扰、度过各种过渡阶段。两位母亲认同地点了点头。现在，贾克琳对阿莉娅的行为有了新的了解，内疚感和自责感开始减弱，她也不再认为阿莉娅的哭泣意味着她是个坏妈妈了，她觉得自己从焦虑和自我怀疑中解脱了出来。

让我高兴也让我有些惊讶的是，我们下次见面的时候，贾克琳说她感觉比以前好多了。虽然我没有增加任何治疗腹绞痛的方法，然而创造倾听与理解的时间和空间，似乎就能让阿莉娅的行为、贾克琳的情绪以及她们之间的关系都发生了转变。阿莉娅还会哭闹，但贾克琳觉得她能够应付。贾克琳当时只靠药物治疗抑郁症，于是我给她介绍了一位心理治疗师。不过她没有选择心理治疗，而是更愿意花时间上瑜伽课。她增加了药物剂量，但几天之后又觉得不需要加药，便回到了原来的低剂量。

有一次，贾克琳带着阿莉娅走进了我的办公室，她正对着阿莉娅微笑，而阿莉娅正坐在车用安全座椅上，用充满爱意的目光看着贾克琳。我看得出她们真心为彼此的关系感到快乐。"你认为是什么造成了这种变化？"我问道。她解释说，在我们上次见面的时候，她觉得我和凯拉都真正听到了她的心声。贾克琳觉得凯拉能够理解她的感受，并且能够用一种真实而不勉强的方式来支持她。贾克琳也明白，阿莉娅的哭闹并不全是她的错，也不代表她的失败。她的自我怀疑减少了，再加上凯拉看到了她所面临的困境，这些都给了贾克琳力量，让她能够更积极地回应阿莉娅。她说，这样一来，阿莉娅似乎就更平静了，激烈的哭闹也更少了。

"我觉得阿莉娅就像刚刚出生一样。"贾克琳告诉我。她向我描述了她们的关系所发生的彻底转变。贾克琳一直在考虑回去工作，但现在又在重新考虑这种想法，因为她觉得她第一次与阿莉娅建立了真正的联结。

在工作中，我不断地接触从婴儿期到青春期的孩子，解决他们的各种情绪和行为问题。在这个过程中，我听到了一个又一个故事，在这些故事里，孩子的人际关系在发展的早期就出现了问题。我开始意识到，即使问题的根源很深，只要我能保证给予倾听与重建联结的时间，无论孩子多大，他们关系的伤口都能愈合。我发现，孩子行为问题的根源，在于他们与生活中的重要他人的关系。当我把工作重点放在治愈关系而非改变行为上时，孩子的发展就会走上一条不同的道路。

不幸的是，虽然人们认识到了关系对行为的重要影响，但这种认识常常会转化为对父母的指责。人们可能会想，孩子的行为是父母教养不当的结果。更具建设性的做法是接受这样的事实：当关系出现问题时，人就会陷入困境。虽然特定的问题可能会出现在一个人的身上（例如，早产的阿莉娅难以安抚自己），但照料者对问题做出的反应也会影响他们与孩子的关系。在每一段关系中，每个人都有自己的角色，并且通过这个角色，每个人都会影响对方。如果我们能把困境放到人际关系的背景下加以审视，不加评判或指责，就能更好地帮助我们所有人建立联结，使我们的关系走向成功——不仅在孩提时代如此，而且在人的一生中都是如此。

在我见完阿莉娅之后不久，伯克希尔精神分析研究所的一位教员向我介绍了一个婴儿心理健康的新项目。婴儿心理健康是一个正在不断发展的领域，将发展心理学、神经科学和遗传学的知识与研究结合在了一起，为预防、干预和治疗提供了指导。当我看到这个项目的网站时 [4]，我立刻意识到这就是我必须做的事情。这个项目模仿了美国西海岸一个类似的项目，那个项目是由埃德·特罗尼克和护理师克里斯蒂·勃兰特（Kristie Brandt）联合创办的，而埃德也是我们东海岸这个项目的首席教员。我在几年前就听过他的讲座，最近也在伯克希尔精神分析研究所的一门课上了解过他的"静止脸"实验范式（still-face paradigm）[⊖]。我于 2010 年秋天申请成为一名研究员。在一年的时间里，我每个

⊖ 为了便于理解，"still-face paradigm"也被译作"无表情"实验范式。——译者注

月都会参加为期 3 天的周末活动。在那项活动中，我能直接向来自全世界的顶尖研究者学习。我与 30 多位来自世界各地不同领域的研究员（包括护理、精神病学、早期干预、社会工作、职业治疗、物理治疗和早期儿童教育）进行了亲密而热烈的讨论，因而我对自己的观察结论和临床经验又有了新的理解。通过深入学习研究埃德的研究成果（这些研究可以追溯到 20 世纪 70 年代早期），我了解了一种新的发展理论模型，并开启了一段合作关系，最终促成了本书的诞生。

埃德的故事："静止脸"实验范式

1 分 30 秒

　　一位黑发的年轻女士背着 11 个月大的女儿走进了房间。她扫视了一下房间，看到了一把高脚椅，便走过去轻轻地把高声尖叫的孩子放在座位上，接着用天蓝色的扣带将她小心地扣在椅子上。然后这位女士面对孩子坐下，身体前倾，与孩子眼神交流，双手抚摸着孩子的脑袋两侧。

　　"你是我的好女孩吗？"她低声说道。

　　孩子现在平静下来了，她扬起眉毛，发出咕咕的声音表示同意。然后，她指着母亲肩膀后方，清晰地说了一个"哒"。母亲转过头去看女儿指的东西，然后回头微笑，承认自己也看见了。母亲捏着婴儿的脚挠痒，然后让手指像蜘蛛一样沿着孩子的腿往上走，女孩露出了微笑。母亲拉着孩子的手，发出"哒哒"的弹舌音来吸引她的注意力。母亲和女儿正在跳一曲优雅的互动之舞。

然后，母亲将头转向一边，让女儿只能看到她的黑色卷发。当她把脸转回来的时候，她的脸就像是一副没有表情的面具，和机器人的脸一模一样。

婴儿立刻显得很警觉。她对母亲微笑，母亲却没有回应。她再次用手指向别的地方，试图吸引母亲的注意。这次母亲没有回头去看那是什么东西。她脸上没有任何生气，唯一的面部动作就是偶尔的眨眼。

从母亲停止回应开始，到现在已经过去了 16 秒。

婴儿挣扎着前倾，拉扯着椅子上的扣带，把手伸向妈妈。妈妈没有伸手回应她，也没有改变表情。孩子现在陷入了痛苦之中，试图再次微笑，不过这次她的笑容有些勉强。她试着鼓掌。母亲依然没有任何反应。

1 分 18 秒过去了。

母亲继续面无表情地盯着婴儿。婴儿开始尖叫起来。她把手放进嘴里，不安地看向别处。她转向母亲，再次伸出手去恳求母亲。母亲却依然保持冷漠。

最后，婴儿放弃了，开始大哭起来。她弓起背，孤独地转过身去。

这时，母亲的脸恢复了生气。她再次带着溺爱的微笑看着她的孩子。她伸出手去拉着孩子的手，用之前歌唱一般的语调轻声说道："我在这儿，我在这儿。"

婴儿依然很警惕，犹豫了一会儿。然后她颤抖着露出了微笑，伸出手来。妈妈和孩子又在一起了。

此时已经过去了 1 分 30 秒。

这个场景来自一个心理学实验的录像带[5]，这个实验被称为"静止脸"实验。当时我并没有意识到这个实验有多重要，但它后来成了一个里程碑式的研究。无论是在婴儿发展研究中，还是后来在范围更广的人际关系研究中，这都是第一个有如此重要意义的实验。

在不知不觉中，你每天都会有很多次面无表情地向家人、朋友、敌人或陌生人表示不满或疏远。其他人也会这样对待你。在通常情况下，不会发生像实验中那么戏剧化的事情。一般而言，你对别人或别人对你摆出的静止脸是不受意识控制的，这种表情的出现和给人的感受都是无意识的。不管怎样，这种"冷漠"的表情是我们每个人的惯用表情，存在于我们每个人心中。

1972 年，在我第一次做"静止脸"实验的时候，这项研究的发现是革命性的。在此之前，我是哈佛医学院的一名新教员，刚刚建立我自己的实验室，当时的我根据自己的经验，正在酝酿一个想法。我有一个假设：婴儿在亲子关系中所扮演的角色，比当时人们普遍认为的要积极主动得多。精神病学家和心理学家也认识到，婴儿与他们的主要照料者之间有着很深的联结。他们知道，这种关系的破裂可能会对孩子产生消极的影响，但所有人都在强调母亲的行为[6]。母亲的回应是否前后一致，母亲是否心不在焉，或者在情感上遥不可及？母亲的行为举止是否让孩子感到困惑、难以预料？没有人关注婴儿在这段关系中的角色。人们假定母婴联结是单向的，是从母亲到婴儿的，无论母亲发出了什么信号，婴儿只能全盘接受。然而，在我和儿科医生 T. 贝里·布雷泽尔顿（T. Berry Brazelton）一起观察到新生儿非凡的社会能力之后，我就开始怀疑这种观点了。

作为一名实验心理学家，我自然而然地认为，下一步就是设计一个实验来验证我的假设。我考虑了许多种可能性，让母亲把目光从婴儿身上移开、皱眉、不说话，但对孩子来说，这些方法似乎都太难以分辨了。然后我想出了一个主意，让妈妈对婴儿不做任何反应。这对孩子来说是件很不安的事情。事实证明我是对的，婴儿的反应非常强烈。我惊讶地发现，对于发生在他们身上的事情，婴儿能教给我们的东西很多。（虽然我们最初的研究是对母亲做的，但研究结果对父亲和各种不同的家庭成员都有参考价值，你将在本书中看到这一点。）

根据我当时在职业生涯中所学到的一切，我的预期是：如果母亲不参与互动，就像我在"静止脸"实验里要求的那样，婴儿的表现就会和妈妈一样。婴儿不会恳求，不会引诱妈妈与他互动，也不会表达愤怒。他们什么都不会做。

我和同事一起做了第一个"静止脸"实验[7]。我们研究了 7 对母婴，婴儿的年龄从 1 个月到 4 个月不等。在所有的 7 对母婴

（用科研术语说，就是 7 对被试）身上，结果都是一样的。当母亲停止回应时，婴儿就会使出浑身解数——微笑、咯咯笑、指指点点、尖叫、哭泣，努力试图重新吸引母亲的注意。

考虑到婴儿的年龄，这些不可能是他们习得的行为。他们没有学习的时间。在这一节开篇的故事里（这个故事视频是 YouTube 上关于"静止脸"实验播放量最高的版本），那个小女孩只有 11 个月大。最初实验的后续研究也在 1 个月大的婴儿身上发现了类似的反应，有些研究者在新生儿身上也发现了这种现象。这些婴儿还没有学过社交技能。这种对联结的渴望是与生俱来的，为他们建立最初的关系做好了准备。婴儿**天生**就**需要**互动，需要我们在开篇故事里看到的那对母女的相互回应。

婴儿的反应至少说明了两件事。第一，心理学界认为母亲主导互动，婴儿只能处于被动地位的基本假设是错误的。相反，婴儿实际上非常主动，会努力诱导母亲回到互动中来。这项实验让当代心理学中最广为接受的理念土崩瓦解了，基于这一假设的理论也必须推倒重建。第二，心理学家完全忽略了人类发展的一个重要方面，而该领域的研究者对这个方面**一无所知**。

这个实验提出了很多问题。这场互动中发生了什么？母亲与孩子之间的联结太少（或太多）会有什么后果？面对一段破裂的关系，婴儿能忍受到什么程度？婴儿到什么时候才会放弃尝试重建联结？5 分钟？10 分钟？还是回应门铃所需的时长？什么情况才是正常的？我们当时都不知道。

我在哈佛继续做了几年"静止脸"研究。同事和我扩大了实验范围，将年龄更大的孩子甚至成年人都包括了进来。为了更深入地理解这一互动过程，我们让成对的成年人扮演婴儿和母亲[8]，进行"静止脸"实验。我们又学到了很多东西。扮演婴儿的成年人说他们感到恐慌、愤怒和无助。扮演母亲的成年人则感到内疚和焦虑。有些人甚至对"婴儿"道了歉。

成人实验揭示了社会联结的根本重要性。我们对于联结的渴望存在于我们的情感核心之中。即使被试知道发生了什么（实验中没有欺瞒，两名成年人同时接受了实验指导），他们依然会有强烈的情绪反应。扮演婴儿角色的成年人说，情感隔阂让他们感到沮丧，就像那些真正的婴儿一样。扮演母亲角色的成年人也感到很难受。"是**他**让我这样做的。"他们指着主试（也就是我），这样告诉婴儿的扮演者。对于我们招募的真正母亲来说，观察自己婴儿的反应也非常有趣，她们往往会说："我都不知道他认识我。"这些母亲也不喜欢这个实验。与角色扮演的成年人不同，这些母亲无法向孩子解释自己的行为。

到了1975年，我依然不能完全明白这一切都意味着什么，但我确信自己发现了一些重要的事情，所以我决定将其公之于众。带着些许不安，我准备在儿童发展研究协会的年会上报告"静止脸"实验的结果。该协会是一个由儿童临床心理学家和研究者组成的专业协会。他们会对我的发现做何反应？

这是一个大胆的举动，我不确定是否应该这样做。当时我才32岁，在儿童发展领域干得还算不错。

向巨人学习

1965 年，我有幸在哈里·哈洛（Harry Harlow）的实验室里接受训练，开始我的研究生涯，而哈洛正是发展心理学界的领军人物之一。虽然哈洛当时已经处于半退休状态，实验室也更换了新的主任，但他的影响力依然无处不在。在 20 世纪 50 年代，身为威斯康星大学的心理学教授，哈洛宣布他打算研究爱[9]，他的这一研究计划在当时颇受争议。他从西格蒙德·弗洛伊德（Sigmund Freud）时代以来一直备受精神病学和心理学关注的话题着手做起：母亲与婴儿之间的关系。这一领域接受了依恋理论的思想，这在很大程度上得归功于英国心理学家约翰·鲍尔比（John Bowlby）的研究。鲍尔比得出的结论是，母婴之间的强烈情感依恋会培养出心理健康、适应良好的孩子。他说反之亦然——如果母亲与婴儿没有发展出深厚的依恋，孩子就会受苦。

哈洛想要探索依恋的理念，但他没有选用人类的母婴作为被试，而是选择了猴子——恒河猴。他证明了人类与恒河猴在许多方面表现相似，他的实验让他非常出名。他把母猴从幼猴身边带走，用铁丝或布制作的假猴来代替母猴。他发现，和假妈妈待在一起的幼猴[10]不仅比真妈妈喂养的幼猴更焦虑，更不容易建立关系，而且在它们长大以后，它们抚养自己幼崽的能力也更弱。他的研究现在成了经典，这些研究结论既深刻又让人痛心，并且证明了他的观点：爱（在这个例子里则是母爱）对婴儿的情绪和心理健康是至关重要的。这一切都说明了母亲对母婴关系的影响，但没有人太关注婴儿对这段关系有什么影响。

我从哈洛那里学到的，以及我在实验室（那里总是弥漫着猴子的味道）里看见的是：在生命的早期，母亲的爱（或者母爱的缺乏）会产生一种长期的、跨越代际的影响。在假母猴身边喂养长大的猴子，长大后的同伴关系和性行为都会出现异常。如果这样的母猴怀孕并生育后代，它们也会表现出异常的养育行为。它们会把幼猴拖来拖去，忽视它们，把它们推开，或者威胁它们。

为了了解早期亲子关系的影响，我开始研究婴儿的知觉。当时的我对婴儿如何理解他们的体验感到越来越好奇。著名心理学家詹姆斯·吉布森（James Gibson）提出，婴儿天生具有感知危险的能力，受他的启发，我设计了一项简易的实验[11]：将一个球装在小车里，用一根绳子把球拉向光源，让球的影子投射到婴儿面前的透明屏幕上。结果表明，当球看似在向他们逼近时，婴儿会产生防御反应，把手挡在脸的前方。虽然这不是真正的危险，但他们对这种体验产生了一种反应，并将这种体验理解为危险。

还有一件幸运的事，也发生在 1965 年，不过那是更早一些的时候，当时我在威斯康星大学就读研究生一年级。我参加了哈佛大学的客座心理学教授杰罗姆·布鲁纳（Jerome Bruner）的讲座。他研究的是语言，并且对婴儿理解周围世界的过程很感兴趣。[12] 布鲁纳将这个过程称作**意义建构**（meaning-making），我后来在自己的研究中采用了这个术语，读者之后也会看到。在他的演讲结束后，我和他聊了好几个小时，可能聊得太多了。但在第二天，我的导师告诉我，等我从威斯康星大学毕业之后，布鲁纳想让我到波士顿，去他的实验室里工作。我刚刚开始读研，就得到了一份在哈佛的工作！

在我构思出自己的"静止脸"实验之前，我还需要一位老师——儿科医生 T. 贝里·布雷泽尔顿。我们相识于 20 世纪 60 年代末，当时我们都是哈佛大学认知研究中心（Harvard Center for Cognitive Studies）的研究员。布鲁纳是中心的主任，也是我和布雷泽尔顿的导师，他在 1972 年为我们在波士顿儿童医院成立儿童发展部门提供了支持。

布雷泽尔顿后来成了美国最受尊敬、最有影响力的儿科医生之一。与同是儿科医生的 D. W. 温尼科特一样，他的理念也源于对精神分析的研究，以及在儿科工作中对婴儿和父母的生活的深刻理解。我们每周六都会去马萨诸塞州剑桥市黄山医院（Mount Auburn Hospital）的产科病房，正是贝里打开了我的眼界，让我见识了新生儿的能力。

现在，新生儿通常和母亲住在同一个病房里，但当时他们待在保育室里，而母亲则在病房里休养，这个过程通常会持续 5 天。在周六去病房的时候，我会先去找贝里，然后我们一起去保育室。布鲁纳经常会和我们一起去。这些新生儿的年龄为几个小时到 5 天不等，他们裹着粉色和蓝色相间的条纹毯子，待在塑料保温箱里，面朝观察窗。空气中飘荡着婴儿爽身粉、香皂和尿布的酸甜气味。

在每次去病房的时候，贝里总在胳膊底下夹着一个男士盥洗包。包里放着他的工具，里面有一支手电筒和一个塑料盒子，盒子里装了适量的爆米花，可以当作柔和版的拨浪鼓。包里还有一些其他的东西。

当我们走进保育室的时候，我会跟在贝里后面，看着他环顾一排排熟睡的婴儿，然后挑出一个来观察。他会轻声地对婴儿说话，用他的大手把他们抱起来，改变他们的身体姿势，在他们耳边摇晃装着爆米花的塑料盒，把手电筒的光照在他们脸上来引起他们的反应。他会轻拍一些能引起反射的部位——轻拍手心引起抓握反射，轻拍面颊引起觅食反射，婴儿会转向触觉的来源，以寻找乳房或奶瓶。

贝里所做的大部分事情都是儿科检查的标准内容，但他也加入了自己的创意。他会观察婴儿对人脸和声音的反应，以及他们自我安慰的能力，从而评估婴儿的社会能力。贝里的独特之处还在于他会全身心地投入观察之中。他把全部的注意力都集中在这些婴儿身上。在我的观察中，我发现婴儿会在视觉上追踪无生命的物体和面孔，跟随着它们移动。根据他们看见的是物体还是人，婴儿的表情和四肢的动作会有所不同。仅仅出生几个小时，婴儿就能区分人和物！他们是怎么知道的？他们是如何看待这个世界的？显然，我对这些小人儿的认识，远比我想象的要少。

通过观察贝里，我还发现婴儿不仅仅是醒着或睡着的。贝里的细致观察告诉我们，婴儿有 6 种截然不同的状态，从深度睡眠到安静的觉醒，再到活跃的哭泣。我们注意到，每个婴儿在这些不同意识状态之间转换的方式都是独特的。有的婴儿会逐渐从睡眠状态进入安静觉醒状态，再转变为活跃的哭泣。有些婴儿则哭个不停，然后突然就睡着了。还有些婴儿则没有表现出任何一致的模式。

不知为何，在去保育室的时候，贝里总能看到婴儿身体里的那个人——那个婴儿已经成为的人，以及他将来可能成为的人。现在，许多这些婴儿观察方法都演变出了不同的形式，包括"新生儿行为评定量表"（Neonatal Behavioral Assessment Scale，NBAS）、"新生儿行为观察系统"（Newborn Behavioral Observations system，NBO system）以及"新生儿重症监护室网络神经行为量表"（NICU Network Neurobehavioral Scale）等。这些方法通常都会让父母参与观察，但在当时，做检测时父母是不在场的。虽然在父母在场的情况下给婴儿做检查并非常规操作，但贝里还是看到了与他们分享这些观察结论的价值。他经常检查一会儿婴儿就去和父母聊天。他会告诉父母孩子的情况，让他们觉得孩子是一个独特的个体。他知道，让父母从一开始就拿出时间来了解婴儿的交流方式是多么重要。他会告诉父母，他们的孩子对什么东西敏感，孩子能否自我安抚，以及孩子有多么喜欢被抱着。有时他会告诉父母一些他认为父母应该知道的问题，比如有些婴儿在情绪不好的时候很难平静下来。

他的目标是让父母把婴儿看作独一无二的人，他们此时已经是独一无二的了——不要把他们看作自己期待中的孩子，或幻想中的孩子，要把他们看作自己真正拥有的孩子。当贝里向父母透露他在与孩子的短暂相处中所了解的情况时，父母们会怀着敬畏之心聆听。

贝里希望把自己检查婴儿的经验形成一套系统化的方法，让其他医院里的医生和护士也这样做。他希望这些临床工作者能让父母们看到，这些婴儿是复杂的、有能力的生灵。

我的职责是观察并帮助贝里将这套测验方法系统化。我也这样做了，但这项工作远不止是一个记笔记的练习。每周六，他展示给我的东西都会让我感到敬畏。这既是一门科学，也是一门艺术，更是直觉和同理心的体现。我常常把他当作一个会跟婴儿交流的人，他总能用眼神、触摸和温暖的心说出婴儿的语言。

我从哈洛的实验室来到波士顿，阅读了关于婴儿的每一篇论文。尽管此前我唯一接触过的婴儿只有哈洛的幼年恒河猴，我却以为自己对婴儿了如指掌。在贝里的指导下，我很快就意识到，事实上我几乎一无所知。他在这些周六的见习中向我展示的东西，与当时的心理学家对婴儿的所有看法背道而驰。

贝里让婴儿做出的这些行为，以前几乎没有人谈过。事实上，婴儿做的这些事情，是心理学家"知道"婴儿做不到的事情。婴儿会将头向左右转动整整 90 度，来寻找母亲的声音。如果感官刺激过多，感到不堪重负的婴儿会闭上眼睛，转过头去让自己平静下来。婴儿来到这个世界上的时候，似乎真的具有非凡的社交能力！

我想验证一下我们的观察结论：新生儿不是被动的接受者，而是人际关系的积极参与者。这个想法促使我设计了"静止脸"实验。当时的专家认为，婴儿完全处于母亲的控制之下，互动中所有的一切都是她说了算。我想知道，如果我拿走互动中的主动参与者，也就是母亲，那会发生什么？婴儿会做什么？做完了最初的实验，我几乎立刻就意识到，对于婴儿的传统观点是错误的，正如"静止脸"实验的视频所呈现的那样。结果让人惊讶，而且意义非凡。

我知道我必须在实验室之外分享这项发现，我必须把这项工作介绍给我的同事。但这种想法也挺可怕的。一直以来，科学家们因为无情批判那些倡导以不同方式思考和看待世界的人而声名狼藉。这项实验，以及我对这项实验为何意义重大而做出的解释，会迫使心理学家放弃一些根深蒂固的信念。当我报告这项研究的时候，我可能得到公众的掌声，也可能得到他们的嘲笑。我认为我成功的概率是 50%。

在儿童发展研讨会上做报告的那天，有 4 位上台报告的研究人员，而我是最后一个。我紧张地看着我的 3 位同事讨论他们的工作，他们说的内容全都符合我们所认为的事实。报告的顺序如此安排，也许是出于防御。会议的组织者是我实验室的合作者，他们支持我的假设，也知道我要说什么。最后，轮到我站起来面对世界各地的 400 多名儿童发展专家了。我要和同事们分享一些他们从未见过的东西。

我先放了一段"静止脸"实验的视频片段。在 1975 年，这并不容易。当时还无法用投影放映录像带。我开发了一种新颖但粗糙的技术来拍摄我的实验，并设法将录像带转换成电影胶片，这样才能让大家在大银幕上观看。

当我关掉放映机时，会堂里一片死寂。我站在台上，紧紧地抓住讲台，试图弄清听众的情绪。我不知道自己还能不能稳步从讲台上走回自己的座位上。很显然，我太冒险了。我似乎看到了400张"静止脸"。我真不应该在实验室以外的地方公布这些结果。我的职业生涯结束了。

然后，当台下的科学家们意识到自己刚刚看见了什么时，雷鸣般的掌声在礼堂里响起。我的职业生涯没有结束。其实，这才刚刚开始。

几十年后，我一生的研究结论逐渐成形，我意识到自己想把这些理念分享给大众。我的婴儿心理健康项目里的研究员将他们丰富的临床经验带到了我们的学习过程中，帮助我认识到了自己研究的广泛应用前景。其中一位研究员就是克劳迪娅·戈尔德（Claudia Gold），她碰巧也是一名作家和儿科医生，每天都在处理人们在现实世界中的问题。我请她和我一起写一本书，于是我们就写了这本书。

关系就像成长的基石

"静止脸"研究发展成了一个范围很广的理论，对人类一生中的行为和关系做出了至关重要的解释。这个理论揭示了人们最初学习与人相处的时刻是如何塑造他们日后拥有的每一段关系的。该理论也说明了修复当下关系中微小裂痕的能力是如何建构一个人的经验的，而这些经验将决定一个人的性格，以及他在这个世界上的存在方式。也许最重要的是，最初的"静止脸"研究和随后几十年使用该范式的研究，让我们了解我们每个人是如何从拥有不愉快或有问题的关系转变为拥有亲密又心意相通的关系的。

要领会"静止脸"实验的启示，你不必成为心理学家或医生，你也不需要对人际关系有什么深刻的见解。而且，你也不必深陷困境，就能从"静止脸"研究的实际应用中获益。你只需要做一个有人际关系的人。如果人们理解"静止脸"范式和它的意义，那么他们所有人际关系的性质就会发生改变——包括与配偶、父母、孩子、同事、朋友甚至偶然遇见的陌生人的关系。

第一次观看时，我们可能会被婴儿的失落体验所触动，实际上，"静止脸"实验还会让婴儿产生担忧、痛苦和恐惧的情绪。当我们回想起我们未能与孩子或其他所爱的人建立联结的时候，我们可能会再次体验到失落，并且感到内疚。有些人对这个实验有很强烈的反应，甚至说它很残忍，质疑这项实验怎么会通过机构审查委员会（Institutional Review Board，IRB）的审查——这个行政机构就是为了保护人类被试的权利而设立的。最初的实验通过了 IRB 的审核，当然，我们不知道实验中会发生什么。时至今日，这项实验也在全世界范围内继续被用于 IRB 所批准的研究中。事实上，这种体验对婴儿来说并不陌生：当照料者开车时、忧心忡忡时，或者以某种其他的方式心不在焉的时候，就会发生这样的情况。婴儿时常陷入痛苦之中。显然，这种压力并没有超出他们在日常生活中可承受的压力水平。

"静止脸"实验所传达的主要信息是希望。婴儿的情绪能够迅速复原，这说明虽然这种错位的体验在实验中被放大和夸张了，但婴儿对此却是很熟悉的。他知道怎么做才能吸引母亲的注意。他以前已经这样做过很多次了，但是没有人注意到。当我们在"静止脸"实验中放慢脚步时，我们就能看到婴儿非常善于对世界施加影响，从而让世界变得更好。他知道发生了什么事情，也知道如何解决这个问题。

事实证明，不同的婴儿对"静止脸"实验的反应是不一样的，这取决于他们与照料者的早期互动的质量。不是所有婴儿都表现出了有希望的反应。"静止脸"实验以及随后几十年的研究解答了我们在前言开篇提出的问题。我们对自身的感觉，以及我们所有人际关系的质量，都根植于我们的经历之中，根植于我们每时每刻的互动之中，这种互动始于我们的出生，始于我们最早的爱的关系。我们的情绪健康来自一个流动的过程，这个过程会随着我们在人际关系网络中的切身体验而发生变化。

我们在后面的章节会详细阐述，已有研究发现我们的基因、大脑和身体都会在关系中发展，在确凿的证据面前，"生物学 – 经验""先天 – 后天"这样错误的二分法已经土崩瓦解了。我们的基因表达和我们大脑的联结都是在互动过程中产生的。过去人们认为大脑的联结是先天的，大脑有一个固定的联结蓝图，但我们现在知道事实并非如此。通过一个名为"**神经重塑**"（neuroplasticity）的过程，大脑能在人的一生中不断发生变化。神经联结就是那些组成大脑的"线路"，而新神经联结的形成既混乱又灵活。没有两个联结完全一样的大脑。儿童发展研究者用

"**神经建筑师**"（neuroarchitect）这个词来描述照料婴儿的人。婴儿的早期关系决定了他们大脑联结的性质——这些主要照料者实实在在地搭建了婴儿的大脑。当婴儿体验了失去联结的感受，又经历了重建联结的时刻，接受并拥抱了人际互动中所固有的混乱之时，他们的大脑就会成长和改变。

我们俩的故事：本书的目标

在这本书中，我们把埃德的研究和克劳迪娅的临床工作结合在了一起，还添加了一些个人的经历，以揭示著名的"静止脸"范式的全部意义。虽然我们两个人在不同的时期有着不同的职业轨迹，但简单起见，在本书的其余部分，我们会以合作者的身份，用一个声音说话，无论特定的语境是否涉及了我们两人，我们都会使用"**我们**"这个代词。对于书中所有的故事，无论主人公是婴儿还是老人，他们的姓名和有识别性的细节都已经更改，以保护他们的隐私。我们用这些故事来说明我们在与婴儿和父母工作时积累的主要经验，并提出我们对于人类发展的新理解。

本书并不是要取代专业人士提供的护理，它也不能作为一种医疗、育儿或心理咨询的形式。事实上，正如我们将要谈到的一样，不考虑个人经历的复杂性给出的笼统建议，会阻碍个体的成长与发展。这本书的核心思想是，人际关系中的冲突是正常的。事实上，通过接纳这种冲突，你的自我意识和与他人亲密相处的能力才能显现出来。我们想要改变你对自身人际关系以及对自我的看法。在学习不同思考方式的过程中，并没有单一的方法，相反，你有许多方法可选。

在第 1 章中，我们介绍了本书的理念：冲突不仅是健康的，而且是成长和变化所必需的。我们提供的研究证据显示，关系中的错位以及修复错位的过程对人类发展至关重要。在第 2 章中，我们进一步说明了不完美的重要性，这与我们当代文化对完美的期待形成了鲜明的对比。在第 3 章中，我们展示了在处理关系中的混乱情况时，哪些因素能使人产生安全感，哪些因素会让人对混乱产生恐惧。在第 4 章中，我们将进一步探讨生物学 – 环境的迷思，也就是先天 – 后天。我们会讲述你的自我意识和你建立亲密关系的能力如何在最初的人际关系中、在每时每刻的互动中显现，并且讲述它们是如何在你毕生的新关系中不断发展的。在第 5 章中，我们提出了一个关于复原力[⊖]的新观点，认为复原力既不是个体与生俱来的特质，也不是对逆境的反应，而是我们每个人在互动中的无数个错位和修复瞬间中发展而来的品质。在第 6 章中，我们说明了反复出现的互动模式（也就是人们玩的沟通"游戏"）如何促使我们形成对家庭、对工作单位以及对整体文化的归属感。在第 7 章中，我们将说明科技正在用一种可怕的方式改变这些沟通"游戏"，以及如何用"静止脸"范式来管理和拥抱这些改变。第 8 章提供了一种全新的方式来思考不良关系背景

⊖ 复原力（resilience），是心理资本的四要素之一，指个体在逆境中使心理状态复原，甚至展现出更理想的心理状态的能力，也常被译作"心理弹性"。——编辑注

下的情绪痛苦。第 9 章说明了人们可以为无数新的互动留出空间和时间，从而治愈自己的伤痛——这些新的互动给了我们寻找新意义的机会。在第 10 章中，我们讨论了确定性的危险，以及执着于简单答案的风险，揭示了不确定性在促进成长与改变方面的价值。最后，在第 11 章中，我们将我们的理论模型与当今的社会弊病联系起来，说明了"静止脸"范式将如何帮助社区和社会找到一条通往希望与复原力的道路。

第1章

关系的修复是一种精神食粮

　　珍妮弗花了好几个小时为男朋友克雷格准备晚餐。尽管他们之间的关系越来越紧张，但搅拌、切菜、捣碎、调配的活让她平静了下来。他们即将迎来恋爱一周年的纪念日，他们这几个月来一直小心翼翼地与对方相处，生怕破坏彼此间似乎并不稳定的联盟。在刚刚坠入爱河时的喜悦褪去之后，他们的感情似乎陷入了僵局，难以为继。

　　平静的一天让珍妮弗的思绪纷乱。她回想起过去的几个月里，克雷格总是显得心不在焉，无法给予她所需要的情感陪伴。在关系的蜜月阶段，珍妮弗已经学会了抑制她所感受到的伤害。但当他们进入一段看似认真的关系之后，她的痛苦与日俱增。她沉默的烹调背后隐藏着翻腾的怒火。

克雷格在屋里走来走去，偶尔会来到厨房，从背后给正在灶台边忙碌的女友一个温柔的拥抱。对他来说，这就是幸福的家庭生活。尽管他已经注意到他们之间越来越疏远，但他选择忽视问题，让一切照旧。克雷格在一个大家庭里长大，他有四个兄弟姐妹，在他的原生家庭里，情感受伤的经历就像潮水一样起起落落。他习惯了同时关注好几个人。他没有意识到珍妮弗在过往关系中的困扰给她带来了许多痛苦的回忆，也没有意识到山雨欲来的危机。

珍妮弗是个独生女，不知道该如何面对关系中的不睦。在她的原生家庭里，所有人都要不惜一切代价地避免冲突。她沉默寡言的父亲是一名越战老兵，总是默默地把自己的情感埋藏在心中。她母亲总是非常小心，不去惹父亲生气，因为他会在一眨眼的工夫里就从平静、沉默变得暴跳如雷。遇到分歧时，她的父母会彼此疏远，也会疏远珍妮弗。虽然父母都在身边，但却不能给予她情感上的陪伴。她清晰地记得，在小时候，父亲大发雷霆之后，她曾独自坐在自家汽车的后座上，四周一片死寂。当父母冷战的时候，她感到不知所措，仿佛自己已经不存在了一样。珍妮弗带着一种对错位的本能恐惧，进入了与克雷格的关系。她渴求与克雷格建立联结，但又害怕失去这种联结。沉默与回避似乎比公开的冲突更安全。

在餐桌旁，珍妮弗静静地为晚餐做着最后的收尾工作，而克雷格低头看着手机，读着某个兄弟姐妹发来的短信。克雷格的这种行为并不少见，但就在那一刻，珍妮弗感到一阵怒火，而这次她没有掩饰。虽然珍妮弗说不清楚自己的想法，但在他们交往的前几个月里，她逐渐意识到，克雷格在很多方面都与自己的父母截然不同，即使对克雷格发火，他也不会逃避。在冲动之下，珍妮弗第一次不假思索地检验了这一想法：她把精心准备的菜肴打翻在地。

克雷格的第一反应是震惊，他对这种陌生的情绪表达感到困惑。但当珍妮弗放声大哭时，他短暂的怒火就消失了。他赶忙跑上前去，他们拥抱在一起。随着珍妮弗的啜泣声渐渐平息，她开始谈起了自己的恐惧：冲突意味着关系的破裂。她坐在地板上，身边是乱七八糟的晚餐，她对克雷格说，她担心他们的关系经受不住冲突的考验。更糟的是，她记得父母的情感疏远让她的自我意识变得脆弱不堪，这使她担心自己会变得不复存在。在这段全新的、大不相同的关系里，她对克雷格产生了信任，这种信任让她发现了以前从未表达过的复杂感受。

这个时刻成了他们关系的转折点。珍妮弗发现她把克雷格的行为理解为拒绝，而这根本不是他的本意。克雷格则从另一个角度看到了珍妮弗的疏远倾向。他过去习惯于等待冲突自行平息，这种做法在他的大家庭里很管用，但在这段新关系中却行不通。珍妮弗越来越相信克雷格不会在面对冲突时消失。她学会了与克雷格交流，而不是在话不投机的时候退缩。他们把各自的不同想法与意愿带入了他们的关系，并且都为对方留出了空间和时间。在未来的几天、几个月、几年里，他们的关系在这种错位与修复的时刻里不断成长。

　　打翻在地的烤扇贝、防风草（parsnips）泥与黄油豆角可以作为人类发展中的错位与修复的隐喻。正如营养物质能为身体发育提供养分，由错位到修复的过程中所产生的能量也能促进情感成长。关系中的错位与修复象征性地滋养着我们（有时却是真的）。

错位是关系中的常态

　　列奥纳多·达·芬奇（Leonardo da Vinci）的《哺乳圣母》（*Madonna and Child*）体现了理想化的父母之爱。在这幅画中，玛利亚与她年幼的儿子深情地凝视着对方的眼睛。拉斐尔（Raphael）所画的同一主题的另一幅画更能说明问题，年幼的耶稣看着玛利亚手中的一本书，而玛利亚则心不在焉地看着地面。同样地，弗雷德·阿斯泰尔（Fred Astaire）和金杰·罗杰斯（Ginger Rogers）的舞蹈传达了一种理想化的爱情观念，那种观念让我们陷入了一种误区：在良好的情感关系里，两个人总是步调一致。但在《辣身舞》（*Dirty Dancing*）中，珍妮弗·格雷（Jennifer Grey）与帕特里克·斯韦兹（Patrick Swayze）的关系才更接近事实——珍妮弗踩到了帕特里克的脚趾，而帕特里克戳到了珍妮弗的眼睛。为了跳出最后一幕中那样优美、协调的舞蹈，配合中的失误与混乱是必要的。对于珍妮弗和克雷格来说，他们在收拾餐盘和点比萨时的笑声饱含喜悦与亲密，而这一切都源于直面错位、修复关系的过程。

　　从婴儿期到成年期，在混乱中前行一直是我们在人际关系中成长与发展的方式。这似乎有些违背直觉，因为你可能认为在健康的关系中不会有冲突。身处一段良好关系中的两个人难道不应该一直和睦相处吗？

当初的"静止脸"实验得出了戏剧性的结果，揭示了一种理解婴儿与父母的关系的新方法，但对于亲子关系，我们还有许多需要了解的地方。我们从前对婴儿的研究反映了一种假设[13]，即亲子互动越同步、越协调，亲子关系就越理想，或者说，就越正常。出乎许多人意料的是，研究发现，对于稳固的关系来说，混乱才是关键。

在"静止脸"实验中，我们首先拍摄了典型的亲子互动。随后，我们对这些视频进行了逐帧分析[14]，我们放慢了视频的播放速度，从而有机会了解我们无法实时欣赏的每一刻的互动。我们希望看见健康的母婴关系——看到母婴之间的完美协调、互相注视，同时移开目光、同时伸手触摸对方，总而言之，双方的每一个动作都是匹配的。怀着这种关于母婴之间如何互动的先入为主的观念，我们用简洁的方式来描述母婴联结的瞬间，把所有失去联结、不符合这种完美模式的数据都当作无关的信息。但经过数月的研究，我们无法否认真实存在的互动模式。平均而言，在典型的健康亲子关系中，有70%的互动是不同步的。失去联结是互动中不可避免的一部分。

例如，在一段视频中，我们观察到婴儿注视着自己高脚椅上的带子，通过吮吸手指来安慰自己。当母亲试图吸引婴儿的注意时，她没有理会母亲。然后，母亲把手从婴儿的嘴里拿出来，轻轻地往后挪了挪。她们两人的目光相交，都露出了笑容。然后母亲靠近了婴儿，但婴儿却看向了别处。一支新的母婴之舞开始了。

大多数关系的互动在 70% 的时间里都是错位的，你觉得这合理吗？我们的研究一次又一次地发现了这个结果。在发展心理学界，这种三七开的论断颇为出名，一些实践工作者会在不知道其来源的情况下就引用这种说法。这个结论来自我们对于最初的爱的关系的详细观察。起初，我们对于情感协调的期待让我们把错位视为问题，但实际上它是一种常态。在分析那些视频的时候，我们发现重要的并非错位，而是关系的修复。

修复关系需要实际行动

我们逐渐认识到，关系的修复是人际互动的关键。关系修复带来了一种愉悦、信任和安全的感觉，它能让我们产生一种内隐的认识，即**我可以克服困难**。除此之外，修复关系还能教给我们一条重要的人生经验：当两个人经过努力终于配对成功时，由错位产生的消极感受可以变成积极感受。我们不必停留在消极的情绪状态里。一个人关于自己能否改变情绪状态的信念，是从婴儿期最早的互动中发展而来的。

当我们使用"静止脸"范式来做实验的时候，我们观察了典型的亲子互动，得到了一幅清晰的画面[15]。首先，我们观察到母亲和婴儿会自然地玩一些他们常玩的游戏，比如拍手或数数。然后我们发现，在"静止脸"实验的情境下，婴儿在错位－修复的过程中学到了一些互动的策略，他们会用这些策略来向母亲发出信号。每当遇到压力时，婴儿就会采用在平时与照料者的交流中总结出的一种互动方式。虽然他们还没有言语或有意识地思考的能力，但他们能利用从无数的互动瞬间中得来的经验，应对由照料者的异常行为所带来的压力。

我们逐渐明白，关系的错位与修复是一种正常的、持续的体验，对我们人类这种社会性动物的发展是至关重要的。在最初的情感关系中，我们只有30%的时间是完全协调的，这是多么令人欣慰的消息啊！这个数字这么低，应该能缓解许多人的压力，让他们知道在成年后的情感关系中不必寻求完美的和谐。只要有机会修复关系，70%的错位并不可怕，那不仅是一种常态，还有助于发展积极、健康的关系。为了学会信任彼此，我们需要那些正常的混乱。

我们在分析视频时观察到的多数互动，在错位出现以后，都会经过修复，立即回到和谐的状态。也就是说，通常婴儿与照料者会不断地进入错位的状态，然后修复关系。这些修复的举动很小，甚至很不起眼，但在无数的互动瞬间里，有很多修复的时刻。

在最初的"静止脸"实验之后，我们又进行了数十年的研究，得出了一个核心的结论：如果要使关系健康发展，而不是停滞不前或者破裂，那么这种从错位到修复的过程不仅是不可避免的，而且是必不可少的。正如珍妮弗与克雷格所发现的那样，我们需要这种混乱的出现。我们需要错位，如果没有它，我们就会缺乏修复关系的体验。

关系的错位和修复、意义建构

克雷格从小在原生家庭里体验过无数个这种错位与修复的时刻，因此发展出了一种深刻的希望感——或者，用杰罗姆·布鲁纳的话说[16]，克雷格通过**意义建构**，把世界看作一个充满希望的地方。相比之下，珍妮弗缺乏修复关系的体验，这使得她对在这个世界上生活的自己产生了不太乐观的看法。她对情感持有一种谨小慎微的态度。

我们在婴儿出生后的几个月里就能观察到这种差异。请回想一下最初的"静止脸"实验，我们观察到婴儿会使用不同的策略来吸引母亲的注意。这种行为反映了错位与修复的持续存在。那个婴儿已经知道，他可以采取行动，让世界变得更好。即使只有11个月大，他就已经像克雷格一样，把世界看作充满希望的地方。

我们也对另外一些母婴进行了实验[17]，他们自身的错位－修复过程并不顺利。因而在实验中，我们并没有看到他们身上的强有力的反应。此时，母亲与婴儿建构了不同的意义。有些母亲深受自身痛苦的困扰，没有努力去修复那些不可避免的错位；有的母亲非常焦虑，很少容忍错位的存在；还有些母亲显得很强势——例如，尽管婴儿推开了母亲的手，或发出其他不堪其扰的信号，这些母亲依然会反复触摸婴儿。当关系错位时，那些缺乏修复机会的婴儿不会像其他孩子那样努力与父母重建联结、弥补裂痕。

在成长的过程中，珍妮弗就像那些婴儿一样，缺乏修复关系的机会。她没有学会处理人际关系中不可避免的裂痕的策略。相反，面对父母突然的情感缺位，她学会了保护自己免受那种痛苦的伤害。她独自一人待在房间里，沉浸在家庭作业或书本里。她成绩优异，用聪明才智来让自己保持冷静，但她的情感变得既谨慎又封闭。

起初，珍妮弗对克雷格重复了这种行为模式，但克雷格是一个与她父母截然不同的互动伙伴。她观察到，当克雷格与自己的家人互动时，家人不和并没有让他情绪崩溃。克雷格大度地接纳了珍妮弗的退缩的习惯，从不责怪她。珍妮弗也产生了足够的信心，相信当愤怒超过她的承受能力时，她不会自我封闭，而是会自然地表达出来。

这一桌打翻在地的晚餐，代表了他们在感情里有意识地接纳了这种错位与修复。当他们的爱情在这次以及许多其他冲突中幸存下来时，珍妮弗发现了一种不同的相处之道。她对世界建构了新的意义，世界变成了一个安全而充满希望的地方。她可以与克雷格争执，她知道这样反而会让他们的关系更加亲密。虽然克雷格不像珍妮弗那样，在亲密关系中有那么多困扰，但他也有成长的空间。一旦他理解了珍妮弗情绪反应的由来，他就更能意识到自己心不在焉的行为了，并且他会采取行动，给予珍妮弗始终如一的陪伴。他从珍妮弗那里了解到，在他原生家庭的安全区以外经营关系并不是那么简单。他学会了关注对方。

什么是意义建构

意义建构（meaning making）是什么意思？我们可能会用"理解"或"弄懂"这样的词来描述它的含义，但这些说法隐含着有意识的思考，这种思考是以语言的形式呈现出来的。杰罗姆·布鲁纳是第一个提出这个概念的人，他是一位认知科学家，因此他主要从语言符号与认知的角度来看待意义建构。"静止脸"研究表明，人们在能够用语言来表达意义之前，就已经能很好地建构意义了。他们在心理和生理体验的多个层面上建构意义，包括感觉系统、基因、自主神经系统以及运动系统。他们通过多层次的感觉——感知、思考、触觉、视觉甚至嗅觉，来丰富自己在这个世界上的自我意识。他们从多层次的感觉、动作以及只有人类才能理解的情绪体验中获取信息，并将这些信息融入他们与其他人的关系中。

精神分析师、婴儿研究的先驱路易斯·桑德[18]（Louis Sander）阐述过他所谓的**"开放空间"**[19]（open space），这是一个比喻，形容的是处于婴儿和照料者之间的空间，这个空间为婴儿自我意识的产生与成长提供了机会。在这个空间里，婴儿会在与主要照料者的互动中发展出独特的自我。当婴儿误解并重新评估他人的动机和意图时，与他人即时接触是婴儿理解自身意义的过程。

"静止脸"实验用戏剧化的方式说明了婴儿天生就有影响他们的世界的能力，并且拥有与环境互动的天赋。面对母亲陌生的冷漠表情，婴儿会用许多策略来重新引起她的兴趣。"静止脸"范式所代表的实验情境，挑战了婴儿理解自身体验的意义的能力。如果他们会说话，他们可能会说，妈妈不能与孩子互动了，**这简直是莫名其妙**。在不同的实验方案中，实验的总长度均为 6 分钟，而"静止脸"的部分的持续时间则有所不同，但平均长度是 2 分钟。如果你尝试面无表情地盯着一个想要吸引你注意力的朋友或家人，两分钟就长得好像煎熬一般。出于实验的目的，时间的延长放大了那种反应，为我们提供了理解婴儿意义建构过程的机会。

如果一个婴儿成功地经历了从错位到修复的过程，那么当他面对"静止脸"实验的压力时，就会用各种策略来管理这种压力。他会指指点点、尖叫，并做出一系列行为来重建联结。他会表现出**能动性**（也就是他对自己生活的掌控感）和力量感——他能对自己的世界采取有效行动。如果他可以用语言来描述自己的经历，他可能会说："**我不知道妈妈为什么不理我，但我知道如果我继续努力，就可以引起她的注意。**"如果一个婴儿经历过无数次从误解到重建联结的过程，他就会以一种充满希望的方式与母亲的世界互动，而不会产生无助感。他对自己的经历建构了一种特殊的意义，一种乐观的期待，这给了他一种复原力的感觉（我们会在第 5 章进一步探讨这个概念）。相反，一个体验过错位，但很少有修复经历的婴儿则会建构消极的意义：**你不爱我，我不**

能信任你，或者**我很无助**。（我们在第 8 章会深入探讨这个问题。）

事实证明，这些互动中的应对模式，以及这些建构意义的模式是相当稳定的，很少随着时间的流逝而改变。我们对 52 对母婴先后进行了两次"静止脸"实验[20]，实验中间的间隔为 10 天，我们发现婴儿在这两次实验中用来吸引母亲注意和安慰自己的策略是相同的。如果母婴没能修复关系中的裂痕，婴儿会表现出与悲伤、退缩或疏远一致的行为。他们似乎很难控制自己，要么行为混乱，要么完全崩溃，一动不动。这两类反应都说明他们感到无助、无力。

我们在研究患有抑郁症的父母时也使用了"静止脸"范式，这让我们对最初的发现的意义有了新的认识。[21]我们让潜在的被试做了一份抑郁症状筛查问卷，并采访了那些得分高的被试，以确定他们是否患有抑郁症。然后我们分别分析了健康的母亲、抑郁的母亲与她们各自的婴儿互动的录像带，寻找关系中的匹配（婴儿和母亲行为一致，比如一同微笑、注视彼此）与错位（婴儿和母亲的行为不一致，例如婴儿看着母亲微笑，而母亲做出悲伤的面部表情）。通过计算母婴修复错位的平均时间，我们发现，如果母亲患有抑郁症，不仅错位的情况会更多，修复错位的时间也会更长。我们还发现，修复的时间越长，婴儿体内的应激激素皮质醇（通过唾液测量）水平就越高。

抑郁的母亲生下的孩子似乎会变得内向，依靠自我安慰，或从物体中寻求安慰。这种关系模式很早就成了婴儿的生活方式的一部分，并且随着他们的成长和发展，这种模式也会一直延续下去。

我们会在第 9、10 章探讨，这些发现对于成年人的主要启示在于，早年的关系模式不是固定的、永久不变的。通过与孩子、配偶、朋友、教师、心理治疗师和其他你有机会带入你生活的人进行混乱的互动，你在一生之中能获得持续的改变和成长。如果你在早期的关系中缺乏足够的修复机会，你可以通过与原来的照料者重新体验错位和修复的瞬间（如果他们愿意改变）来治愈自己，当然你也可以和新的关系中的伙伴一起体验这些瞬间。

如果你发现自己反复陷入有问题的人际关系，如果你深感焦虑或绝望，那你可能会觉得自己没有力量改变自己的环境。但是，在与身边的人的关系中不断重复从错位到修复的过程，能为我们带来能动性（比如希望）。

意义建构：从出生开始

意义建构始于一个人生命的起点。请想象一下早期母乳喂养时的母婴互动。让我们先从新手妈妈阿迪蒂的角度来看这个过程，然后再从她刚出生的女儿塔妮莎的角度来看。所有的这些互动，都不是在几个小时甚至几分钟之内发生的，而是在几秒钟内连续发生的，这些互动建构了一个人在这个世界上的自我意识。

对塔妮莎的降生，阿迪蒂既兴奋又恐惧。这是她第一次生孩子，她不知道自己该怎么做。分娩结束的几个小时之后，她试图把尖叫的婴儿放在胸前。但是塔妮莎的胳膊挡在面前，喂不了奶，塔妮莎的动作也越来越失控。阿迪蒂一边紧紧地抱着塔妮莎，一边轻声对她说话，很快她就感到塔妮莎的身体放松了下来。连续不断的哭声逐渐减缓下来，最后终于停止了。塔妮莎睡了一会儿，又醒了过来，开始用力地吃奶。阿迪蒂感到了一阵之前所没有的平静。如果用语言来表达的话，她对这次经历的理解就是：**"我能做到，我了解我的孩子。"**

现在，我们从塔妮莎的角度来看待同样的场景。她小小的身体在扭动着。她的手臂在头顶挥舞，不断地尖叫。她嘴里被塞进了什么东西，但她不知道该拿它怎么办。接着，塔妮莎听到了一阵轻声耳语，并且被裹在了温暖的毯子里。她的呼吸放缓了。现在她可以把胳膊放在胸前，不再拼命挥舞了。她需要有人帮助她来安抚她发育尚不成熟的神经系统，当她的这种需要得到回应时，她的身体放松了，很快她就睡着了。在短暂的休憩过后，她的身体恢复了精力，感到很平静。当母亲再次把她放到胸前时，她毫不费力地开始吃奶了。塔妮莎所建构的意义可以这样表达：**"我很安全，我是完整的。"**

就在两人一起弄清该如何相处的最初时刻，塔妮莎和阿迪蒂爱上了彼此。阿迪蒂意识到塔妮莎很累，她的神经系统很紧张。她需要母亲的帮助才能平静下来，还需要打个盹来恢复精神，才能做好吃饭的准备。留出时间，让这一过程自行发生，既让塔妮莎获得了食物的滋养，也让阿迪蒂身为人母的新身份认同得到了滋养，同时帮助她建立了自信心和自我效能感。从错位到修复的过程，不仅为塔妮莎提供了真实的营养，也为阿迪蒂提供了精神食粮。

路易斯·桑德所说的**"相遇的时刻"**（moment of meeting）很好地描述了这种共同体验。[22] 他在 1977 年写道："目前对婴儿早期的研究提供了一些激动人心的证据，这些证据表明，人类的存在通常始于一个从一开始就是高度组织化的关系系统。这个关系系统连接了两个充满活力、能主动自我调节、高度复杂、有生命（而且有适应性）的部件——婴儿和照料者，可以这么说，他们各自已经在独立运转了。"他把新生儿时期描绘成了两个独立个体——婴儿和照料者了解彼此的时期。当塔妮莎和阿迪蒂一起度过了她们错位的时刻之后，相遇之时的快乐让她们俩都感到满足。

从错位到修复，比我们在面对困难时所说的、所做的任何具体的事情都重要。但更重要的是这个过程。

错位的修复能为关系发展提供能量

在我们对亲子互动的分析中，我们一次又一次地观察到，对于最初的爱的关系来说，其主要的特征不是同步，而是错误。我们想知道："这种错误有什么用处呢？"我们在一个科学理论中找到了答案，这个理论被广泛地运用于各个学科，从物理学到心理学都有涉及。

开放动态系统理论（open dynamic systems theory）描述了包括人类在内的所有生物系统，它能将信息整合为越来越一致而复杂的状态，从而维持自身的正常运作。[23] 如果系统的复杂性不能增长，就会失去能量，无法成长——比如感恩节晚餐上的哈里叔叔，他的政治观点很僵化，并且拒绝接受其他家人的不同观点。相反，成功获取信息的系统就会成长——例如，表兄妹皮特和苏，他们花时间倾听彼此的故事，了解彼此的动机和意图，在求同存异的过程中产生了新的理解和领悟。获取新信息所产生的能量促进了成长和改变。

这一理念不仅适用于人际关系，也适用于生命起源本身！著名物理学家斯蒂芬·霍金（Stephen Hawking）在他的《时间简史》[24]（*A Brief History of Time*）一书中解释了地球上的生命是如何从错误中演化而来的。起初，地球的大气层没有氧气，因此不能孕育生命。海洋中的原子的偶然结合，形成了所谓的大分子结构，原始生命就此诞生了。霍金讲述了繁殖过程中的错误是如何催生新的结构的：

> 然而，有些错误可能会产生新的大分子结构，这些大分子更擅长进行自我复制。因此它们具有优势，并产生了取代原来的大分子的趋势。这样一来，演化的过程就开始了，这个过程导致生物体朝越来越复杂、越来越善于自我复制的方向发展。最初的原始生命形式会消耗各种物质，包括硫化氢，并释放出氧气。这就逐渐改变了大气的构成，使鱼类、爬行动物、哺乳动物，以及最

后的人类等高级生命形态得以发展起来。

在霍金的生命起源模型中，大分子就代表了一种开放动态系统。随着时间的推移，这些分子经历了许多错误的过程，形成了一种产生氧气的组织形态。人类相遇的方式，与这些早期的大分子结构相似，他们从互动所固有的错误中，发展出了一种更为复杂的自我意识。

新信息并不会被简单地纳入系统里。在这方面，大分子再次提供了一个有用的类比。大分子并不是简简单单地发生变化——它们会相互碰撞、被破坏，然后重新组合成新的结构。新的信息也会"破坏"人类的自我意识，迫使他们重新组织自己旧有的自我意识。而新的、不同的意义就是在混乱无序中被创造出来的。

当一个人与另一个人一起经历这个重组的过程时，无论对方是小时候的照料者，还是长大后的朋友、同事和伴侣，他们会共同创造一种新的相处方式，一种了解彼此的方式。如果人们不允许混乱和错位的出现，他们就不能成长和改变，也不能深入了解他人。

人际互动的错位与修复过程能为发展提供能量——也可以说是养分。通过这种混乱的互动过程，我们获得了有关他人和自己的信息，这些信息为我们的心智成长提供了营养。

在物理学领域中，开放动态系统理论是"冷"的。但人类的体验是"热"的，由情绪所驱动。当把这种理论应用于人类身上时，我们会发现，在失望与错位的失落感之后，是重建联结的极致喜悦与完整感。由修复带来的极致愉悦成为推动成长与发展的动力。

在关系中，有问题的互动模式代表了封闭的系统。这些系统的僵化结构，让人们得以停留在熟悉的复杂水平和一致感中，给他们一种安全的错觉。但是，如果他们在混乱的人际关系中感到不安全，他们可能就会停留在固定的互动模式里，这种模式无法促进成长和改变。在第 3 章中，我们会探讨如何获得那种安全感。正如珍妮弗和克雷格所发现的那样，僵化的模式会让我们彼此间产生隔阂，但如果我们面对冲突时可以敞开心扉，我们就能获得新的能量来源。

在我们的基因中建构意义

数十亿年前，错位与修复的过程创造了地球上的生命。达尔文（Darwin）的进化论描述了生物体的突变（也就是错误）在DNA 碱基对里是如何发生，从而导致个体变异的。就像霍金所说的大分子一样，有些变异体不断繁殖并发展壮大，产生了许多令人瞩目的不同物种，这些物种以独特的方式适应了它们所处的特定环境。这种错位和修复的过程持续了数百万年。

事实证明，甚至在一个人的有生之年里，个体的基因也会改变其功能！在**表观遗传学**（epigenetics）这个新兴的研究领域里，越来越多的研究为"先天－后天"之争注入了新的观点，这些研究告诉我们，基因并不是我们命中注定的。基因是 DNA 中特殊的核苷酸序列。虽然 DNA 本身并不会改变，但基因会根据环境的变化而开启或关闭。如果核苷酸上附着一个分子——通常是一个甲基，并且这个分子改变了基因的表达方式，这个过程就叫作**甲基化**（methylation）。例如，特定的基因在有压力的环境中可能会导致抑郁，但在适应性的环境中却不会。[25]

你可能还记得生物课上讲过，基因会制造蛋白质，但不会制造意义。但是，这些蛋白质的确能决定我们对于环境的反应。蛋白质的变化会对我们产生一系列的影响，比如我们如何代谢营养物质，以及我们如何应对压力。例如，如果基因让我们产生过多的皮质醇，我们的身体和大脑可能会将这种变化体验为焦虑。下面的故事就说明了我们是如何在基因中建构意义的。

在 1944 年的"荷兰饥饿严冬"[26]（the Dutch Hunger Winter）期间，荷兰铁路工人罢工，希望阻止纳粹军队的运输，作为惩罚，纳粹则切断了对荷兰的食品供应。到 1945 年战争结束时，已有 2 万多人饿死。不过，有一项研究考察了在饥荒时期成功分娩、幸存下来的母亲以及她们的孩子，这项研究讲述了一个有关基因的有趣故事。

多年来，大量的研究对这些孩子进行了细致的考察。成年后，他们的体重比平均水平要重上几磅[○]。到了中年，他们的甘油

○　1 磅 ≈ 0.45 千克。——译者注

三酯和胆固醇水平更高，肥胖率更高，患代谢性疾病（如糖尿病）的比例也更高。有一项长期研究追踪了年龄在 18 ～ 63 岁之间的男性 [27]，该研究表明，那些在饥荒时期出生的人的死亡率要比其他人的高 10%。

由于饥荒的开始和结束都有确定的日期，所以它在实际上成了一次意料之外的基因实验。在这个表观遗传（其英文的字面意思是"基因之上的"）过程中，孩子的某种基因表达在母亲的子宫里发生了改变，以适应食物稀缺的环境。不同于基因序列的改变，比如发生在囊性纤维化和肌营养不良等遗传疾病中，这种改变发生在基因的表达或者基因编程中。

有一种特殊的基因叫 PIM3，这种基因与人体的能量消耗有关，它产生的蛋白质会参与人体的新陈代谢。在子宫内的适应过程中，PIM3 基因可能会被关闭，以减缓胎儿的新陈代谢，应对严重的营养短缺。从某种意义上说，胎儿"预测"未来的环境会缺乏食物。但在战后，食物的供应更为充足，而这些婴儿的新陈代谢过程减缓了，这意味着他们的体重增长会比家里的其他兄弟姐妹更多。即使在食物富余的情况下，他们的身体依然在为饥荒做准备，但那些不是在饥荒时期出生的孩子就没有这种基因的变化，他们也不会出现新陈代谢或肥胖问题。

在荷兰的饥荒中，子宫内的环境与婴儿出生时的世界是错位的。表观遗传学的研究还表明，环境对基因表达的影响，可以通过基因传递给后代。

创伤的代际传递

你的生活经历被嵌入你的基因，而你继承了祖先的经历，这种想法是否会让你感到担忧？我们见过一些人，他们觉得这种想法令人非常沮丧，尤其是如果他们的祖先经历过创伤，他们会觉得更加无望。但经过仔细思考之后，我们发现表观遗传学所教给我们的东西其实充满了希望。正如基因表达可以为了适应某种环境而发生改变，它也可以随着时间的推移而适应另一种环境。

许多父母向我们表达了他们的担忧，他们担心，如果一个幼儿经常发脾气或以其他方式惹麻烦，他以后就会一直这样难以管教，比如，他"长大就会像比利叔叔一样"，而比利叔叔则有着一系列心理健康问题。你从父母双方那里分别继承来了一半的遗传物质，而基因的确会一代代地传递下去。但表观遗传学告诉我们，虽然孩子可能携带了与比利叔叔相同的基因，但这些基因对于孩子行为和发展的影响，则会根据他成长环境的不同而有所不同。西奈山伊坎医学院的蕾切尔·耶胡达[28]（Rachel Yehuda）研究了大屠杀幸存者的子女和孙辈，以确定代际传递的环境因素会如何改变基因的表达。下面的例子，是一个关于大屠杀幸存者成年子女的故事。

希尔达和卡尔小时候都被关在奥斯维辛集中营（不过他们当时没有见面）。战后，他们各自和幸存的家人一起移民到了纽约，他们在那里认识了彼此，并组建了他们的新家庭。在战争时期，面对生命安全受到的真实威胁，希尔达与卡尔的身体建构意义的一种方式，就是改变他们对压力的反应。在那种环境中，产生皮质醇的基因表达被增强了。体内高水平的皮质醇会产生高度的警觉，并使人一直处在高度觉醒的状态中，但这种反应在战争时期是适应性的，甚至能拯救生命。这种表观遗传变异，即产生皮质醇的基因的过度激活，会遗传给他们的儿子埃里克。

但埃里克生活在相对安全的纽约，不需要这种强度的应激反应，也不需要过多的皮质醇。在父母遗传给他的基因中，包含着战争创伤带来的表观遗传学意义，这种意义与他出生时所处的安全环境是不匹配的。埃里克需要一些时间和很多获得新意义的时刻（无数错位与修复的机会），才能改变嵌入在他基因中的意义。要修复他的基因与战后美国相对安全的环境之间的错位，这些获得新意义时刻是必要的。

在他 30 多岁的时候，埃里克的生活看起来很完美：与妻子德沃拉有一段稳定的婚姻，有一份收入可观的工作，还有两个健康的儿子。然而，他却深受焦虑情绪的困扰，时刻承受着自我怀疑的煎熬。他的自我批评非常严重，尽管以外在的评判标准来看，他相当成功，但他从不认为自己是个能干的人。他从自己的成就中没有得到任何乐趣。

他把大部分时间都花在了健身房里，心想如果他能对自己的身体满意，那种恼人的不安全感就会减轻。但随着 40 岁生日的临近，不安全的感觉却越来越强烈。他执着于节食，早餐和午餐只吃蛋白奶昔，他对健康饮食的偏执破坏了其他人享受家庭聚餐的乐趣。

埃里克的问题源于他的基因遗传和成长经历。在年幼的时候，埃里克就知道，对他的父母来说，痛苦的感受会产生焦虑，他们会立即压抑这些感受。到他上大学的时候，每当母亲问他情况如何时，他知道自己的答案必须是"很好"。若非如此，母亲就会引导话题的走向，最后得出结论："但你没事，对吧？"他只得让步，说道："是的，妈妈，一切都好。"父亲给他的感觉总是很疏远。随着埃里克越来越了解父亲在战争中的丧失体验，他逐渐意识到父亲对工作的追求是为了回避悲伤的情绪。他的父母都在竭力让他们的世界变得井然有序、安全无虞。每当提起大屠杀的话题时，父亲都会说他的生活后来变得多么美好，坚决拒绝将**"创伤"** 这个词与那时的经历联系起来。

埃里克在健身与饮食方面的僵化行为严重影响了他的家庭生活。德沃拉建议埃里克向心理治疗师寻求帮助。她不想为两个年幼的孩子再创造紧张和恐惧的环境，她知道埃里克的童年就是这样的。埃里克知道德沃拉是对的，他需要采取行动。但他对心理治疗的了解并没有让他在第一次去见奥尔兹医生时有所准备。

对意义的饥渴

在与奥尔兹医生的第一次会面后，埃里克感到了一种强烈的联结感。多年后回忆起来，他觉得这是因为他感到了之前一直没有的安全感。在治疗进行到一半的时候，他觉得奥尔兹医生愿意接纳他内心翻腾的痛苦感受，并帮助他控制这种感觉。埃里克害怕关系中的冲突，因此总是显得有些自我封闭。虽然他和德沃拉都全心全意地爱着他们的孩子，但他们彼此间的关系却疏远而紧张。埃里克和孩子在一起感觉很自在，他想要和妻子在感情上更加亲密，这让他感到焦虑。

在初诊之后，埃里克遇到了精神分析心理治疗中的一个常见现象。患者会退行[⊖]到温尼科特所说的**依赖状态**[29]（position of dependency）。在这种治疗关系中，表现出来的许多关系动力与父母和婴儿间的关系很相似。这种新的关系使患者得以触及并改变那些不健康的关系模式。

似乎 40 年来，埃里克一直在努力让自己保持镇定，否认所有强烈的混乱情绪，而现在，他所有的强烈情绪体验都浮现出来了。在他每周两次心理治疗的间隙里，他可以让成年的自我维持正常的生活。但是，当奥尔兹医生第一次去休假的时候，埃里克就觉得压力太大、难以承受了。他莫名其妙地失去了进食的能力。他只能挣扎着把食物放进嘴里。当奥尔兹医生度假回来时，这些症状就消失了，但在他下次外出时，症状就又出现了。在埃里克接受治疗多年以后，这个问题逐渐消失了，埃里克开始意识到，他一直对意义十分"饥渴"。当他找到一个人来处理亲密关

⊖　退行（regression）是一种防御机制，即指人们在受到挫折或面临焦虑、应激等状态时，放弃已经学到的比较成熟的适应技巧或方式，而退行到使用早期生活阶段的某种行为方式，以原始、幼稚的方法来应付当前情景，来降低自己的焦虑。——译者注

系中的混乱情绪时，他第一次感到自己被"喂饱了"。在他还没有来得及去理解自己对这种营养的感受之前，这种营养却突然消失了，让他无法在奥尔兹医生不在的时候吃下真正的食物。

考虑到埃里克父母的经历，他们给埃里克修复关系的机会太少，也就不足为奇了。他的母亲总在他身边徘徊，他的父亲却从未参与其中。他们都不愿触及互动中随时可见的混乱。父母的世界是僵化而脆弱的，但奥尔兹医生却不同。在初诊时，虽然埃里克不能完全表达出来，但他知道自己可以怀揣着所有的愤怒、爱和恐惧，而奥尔兹医生依然会陪在他身边。奥尔兹医生会用心倾听，不会强调一切都很好。

也许最重要的是，埃里克可以在奥尔兹医生的帮助下经历从错位到修复的过程，奥尔兹医生不害怕也愿意承认自己的错误。有一次，在埃里克的治疗早期，他们关于预约时间的沟通出现了失误。当埃里克到达咨询室却发现一扇锁着的门时，他感到极度不安。他心中涌起一阵几乎无法承受的恐惧，他害怕奥尔兹医生遇上了什么可怕的事。就像"静止脸"实验中的婴儿一样，他很难理解自己的体验。埃里克极少直面关系中的摩擦，这导致他在面对这一重大的错位时很容易崩溃。但后来，埃里克与奥尔兹医生克服了这一次的混乱，他们的关系加深了。事实证明，这次经历是他疗愈之路上的关键时刻。

在埃里克与他人的关系中（不仅是与德沃拉和与父母的关系），他的处事模式就是在出现冲突的时候退缩，而这种模式让他付出了代价。尽管埃里克对这一过程没有意识，但要屏蔽不愉快和消极的情绪并非易事。僵化的饮食问题代表了一种适应方式，一种让自己保持镇定的方式。但如果他想要与人建立亲密的关系，他就要放下戒备。奥尔兹医生提供了一个安全的空间，允许埃里克把他的情绪反应用语言表达出来——在当时，这些情绪反应只存在于他的身体里，他对此没有清晰的意识。

有些心理治疗研究表明，**修复破裂的联盟**（repair of alliance ruptures）与治愈之间存在关联，这些研究也佐证了埃里克的治愈故事。[30] 精神分析师莱斯顿·黑文斯[31]（Leston Havens）提出，患者与治疗师"经历冲突的考验"是很重要的，这个观点与物理学家斯蒂芬·霍金最早提出的开放动态系统是一致的。在人际关系中经受住冲突的考验，与大爆炸导致宇宙形成的过程是类似的！

在奥尔兹医生那里接受治疗的 5 年里，埃里克度过了许多大大小小的混乱时刻。在这个过程中，他对于完整的自我有了更成熟的意识。他对控制饮食的强迫性需求消失了。既然他已经不再害怕混乱与令人困惑的情境，那些僵化的规则也就没有必要了。同样地，他也可以容忍与德沃拉的关系出现波折，不会抵制一切冲突，或者避免发怒。随着他们的关系越来越亲密，整个家庭就越来越像一个紧密联系的整体，而不是分散独立的部分。埃里克在奥尔兹医生那里结束治疗时，他已经有了一群朋友和同事，他可以与他们一起轻松地经历从错位到修复的过程。他在与奥尔兹医生的互动中所建立起来的信任，为他开辟了一条信任他人的道路，使他能够进入更为广阔的社交世界。

他也能够接受父母的局限性，并且在与他们的关系中重新找到乐趣。他们的僵化不再让他害怕，尽管与父亲的关系在情感上依然很疏远，但他能享受这种关系在智力上带来的满足。他也能够迁就母亲对于"一切正常"的需要，而不在这个过程中迷失自我。

很多人几十年来都生活在看似不错的关系中，但这种关系却缺乏一定程度的亲密感。同样地，当我们深入探讨第 8 章的内容时，许多人可能会有一种感觉，好像自己不完全是真实的自己了。就像埃里克在他与奥尔兹医生磕磕绊绊的关系中所做的那样，如果人们遇到一段让他们感到足够安全的关系，从而能够处理混乱的状况，而不必担心在这个过程中迷失自我，他们就会意识到这种"不错"的关系与"亲密"的关系之间的差异了。

动用身体和心理建构意义

"静止脸"实验所提供的意义建构范式表明，早在负责符号思维和语言的脑区开始发育之前，婴儿就有建构意义的能力了。正如我们在荷兰饥荒的故事中所看见的一样，即使一个大脑没有发育完全的胎儿也能建构意义。

意义建构的过程，会随着生理、行为与意识思维的变化而变化[32]。有一句俗话能很好地从侧面说明这个过程："相信你的身体直觉。"感觉系统、运动系统、自主神经系统（调节身体功能的控制系统）、内分泌系统、免疫系统、遗传，甚至微生物组（生活在肠道中的上万亿的微生物），都在我们理解自身经历的意义建构过程中发挥了作用。所有这些不能用语言表达的意义，都与能用语言明确表达的意义共同存在。

从能用语言表达的意义上看，埃里克在奥尔兹医生不在的时候无法进食，完全是没有道理的。尽管他在小时候没有挨饿，但他的身体持有情感匮乏的记忆。他在治疗前的僵化饮食习惯，与他在奥尔兹医生去度假时产生的极端反应有着相同的根源。用语言来讲述这个故事，并不足以改变埃里克在这个世界上的存在方式。埃里克与奥尔兹医生在一起的时候，只花了很少的时间讨论父母的战争创伤。然而，促使埃里克发生改变的因素，不仅包括实际交流中的话语，还有无数互动瞬间中所产生的错位与修复的体验——哪怕后者的作用不比前者更多，也至少同样重要。埃里克需要同时动用身体和心理来学习一种新的关系模式，这种关系模式既不僵化，也没有对混乱的恐惧。

当飞机遇到湍流时，你的理性大脑通常会告诉你不要担心，但你抽搐的肠胃、汗津津的手以及下意识地抓住扶手的动作都表明事实并非如此。虽然你可能会告诉自己，**没有人会死于湍流**，但你的身体反应却好像在说死亡迫在眉睫。同样地，如果你偶遇几年前对你不好的前老板，你可能也会心惊胆战、双手颤抖、难以清晰地思考，即便在你的意识里，那些不快的经历已经被抛到了一边，但你依然会有强烈的情绪反应。对于精力充沛、天生具有创造力的孩子来说，如果要求他们遵守学校里严格的规矩，他们可能不会用语言来思考：**这超出了我的能力范围**。相反，由于他们的免疫系统难以处理这样的情况，他们可能会患上湿疹。

害怕与恐惧看似不理性，缺乏能够用语言说明的意义，但这些情绪可能起源于早期的、前语言时期的情绪体验。埃里克几乎不记得小时候全家去洛克威海滩游玩的经历，但他对大海有一种挥之不去的恐惧，他害怕被海浪卷进海里，害怕踩到水母。这些具体的恐惧，是他童年早期郁结在潜意识当中的紧张与焦虑的表现。在奥尔兹医生那里结束治疗之后，他重新爱上了大海。他喜欢海浪拍打的声音，喜欢与儿子们一起跳进海里，开怀大笑。对埃里克来说，大海曾经具有恐惧的意义，但随着时间的推移，他有了一系列新的关系体验，这种恐惧的意义已经转变为了快乐的意义。

坦然地犯错

在下一章里，我们会探讨现代文化对完美的强调是如何与"静止脸"范式的核心启示背道而驰的。事实上，犯错为我们提供了治愈和成长的机会。在近期一篇杂志文章的采访中，当克劳迪娅被问及"何谓成功的秘诀"时，她毫不犹豫地答道："不怕犯错。"错误是成长的必要条件。克服不可避免的、大大小小的挫折，能让你变得更强大，也能让你的生活变得更加丰富。新的、出人意料的事物总会出现。

西格蒙德·弗洛伊德有一句名言："爱与工作是我们人性的基石。"[33] 到底是什么原因使得一些人能自由地去爱，从事满意的、有意义的工作，而另一些人却陷入不健康的关系，难以找到生活的目标？最早的"静止脸"实验之后的研究，给出了一个出人意料的答案。作为父母、伴侣、兄弟姐妹、教师、心理治疗师或者会议上的商业伙伴，大多数人都认为事情必须一帆风顺才能做好。但如果指望生活一帆风顺，那无论在工作还是在爱的领域，都会不可避免地陷入麻烦。通过仔细观察最早的爱的关系，我们的研究表明，成长和创造力源于人际互动中无数的不可避免的错误。通过修复每时每刻的错位，人们才能建立起信任与亲密的关系。人们在关系中共同建构了他们体验的意义。相反，如果人们缺乏体验错位与修复的机会，他们就会感到焦虑，不信任彼此。在这种情况下，人们无法成长，还有可能陷入绝望之中。

理解了这一点，我们就可以为"成功"下一个适用于所有文化的定义，这个定义包含了人们对于生活方式的所有选择。从广义的角度来看，成功是建立亲密关系并且在生命中发现意义的能力；克服并超越我们自出生以来的、最珍视的关系中所不可避免的错位经历，则是成功的基础。

第 2 章

目标：足够好的而不是完美的关系

无论是养育孩子、谈恋爱、处理新工作中的人际关系，还是面对人生道路上无穷无尽的挑战，我们都不可避免地会犯错。我们会粗心大意，做出一些事后才发现这是错误的选择和行动。尽管人际关系中有各种内在的缺陷，但从婴儿期到老年，我们会一直从中汲取能量，从而拥有克服痛苦与不适的能力，获得心理一致感[⊖]、复杂性和创造性。正是重建联结的快乐产生了成长所必需的能量。这个想法可能会让你吃惊，因为对于自己以及自己的关系，许多人都抱有完美的期望。对他们来说，与重要的人保持

⊖ 心理一致感（sense of coherence）是个体对生活的总体感受和认知，综合体现了当个体面对生活中的应激源时，对内外应对资源的利用能力，以及对生活意义的感知能力，也体现了个体应对压力时拥有一种普遍、持久、动态的信心感。——译者注

合拍、步调一致这件事有一种神话色彩。他们以完美的协调为目标，如果他们没能达成这个目标，就可能会体验到极度的失望。

有一个使用"静止脸"范式的实验视频[34]展示了完美主义对我们的害处。视频开头的场景，是一位母亲和她2岁的女儿融洽相处，处在完美协调的状态中。她们一边用毛绒玩具做游戏，一边互相接过对方的话头，说出对方心里想说的话。这就好像她们都知道对方心里在想什么。她们完全同步，没有误解。那番景象看上去真让人赏心悦目。但是，当"静止脸"的环节开始时，女孩就完全崩溃了。她的动作变得越来越躁动不安。虽然实验者在这种情境下观察过大量的行为反应，但他们依然觉得眼前的景象让他们太过不安，于是他们缩短了"静止脸"环节的时间。与最初的"静止脸"实验中的婴幼儿不同的是，当母亲重新开始参与互动时，这个小女孩却无法平静下来。她喘不上气来，也无法接受母亲尝试安抚她的行为。孩子生气地打了母亲，然后问道："你为什么要这样做？"考虑到当时的实验情境，这真是一个很难回答的问题。但母亲没有意识到女儿的痛苦，而是回应道："不要打人。"她没有认识到女儿的愤怒，而是说："你很伤心，是吗？"女儿的行为所传达的情绪显然不是悲伤，所以母亲可能把自己对女儿"可能或应该有何感受"的期待表现出来了。她并没有倾听女儿的心声并解决问题，而是在对话中投注了自己的想法。母亲和女儿都无法修复这种错位的状态。

观众会有一种感觉，即尽管这对母女的互动一开始是完美的，但由于年幼的女儿没能体验到错位与修复的过程，因此无法处理暂时失去母亲的痛苦。在与照料者暂时失去联结的时候，我们好像看见这个幼儿刚刚萌发的自我意识也随之消失了。

一个经历过典型的错位与修复过程的婴儿在长大后，心里会有一个内在声音说："**我可以改变许多事物。**"无论是婴儿还是成人，当人们在关系中不断地经历从错位到修复的过程时，他们就会发展出能动性，早期被定义为一种感觉，一个人觉得自己能够掌控自己的生活，感觉自己能在世界上采取有效行动。他们在进入新环境时会有充满希望的感觉，拥有积极的情感核心。但如果人们抱有完美的期待，就会错失将糟糕时刻变成美好时刻的成功经历，错失自身界限与他人界限相互碰撞的机会。

在一张照片里，3 岁的姐姐艾安娜拥抱着 6 个月大的杰里迈亚。在这张照片下，我们可以配上这样的文字："**发生什么事了?**"虽然艾安娜明显已经掌握了对着镜头微笑的社会习俗，但杰里迈亚圆睁的双眼却表达了惊讶与困惑的情绪，他不仅对照相感到困惑，也对身边的整个世界感到困惑。时光飞逝，20 年过去了，这对兄妹在一张照片中以相似的姿势拥抱、微笑，这两个年轻人脸上的表情都在向世界宣告他们新生的身份认同。这种变化是如何发生的? 一个婴儿是怎样了解世界的? 在这个过程中，他是如何成为独一无二的"杰里迈亚"的?

在错位与修复过程中，婴儿杰里迈亚长成了年轻人杰里迈亚，然后会继续成为老人杰里迈亚。个人只有经历了从错位到修复的过程才能发展出边界，这种边界将"我""你"以及其他人区分开来。在这个问题上，我们可以从温尼科特身上学到更多智慧。他发现儿童的自我意识是通过碰撞照料者所设置的边界而发展出来的。与正常孩子的相处绝不会一帆风顺，他在成长的道路上会不断地破坏关系、制造混乱。在一篇写给父母的文章中，温尼科特说道：

> 正常的孩子是什么样的？他只会吃、长大、甜甜地微笑吗？不，他不是那样的。对于一个正常的孩子来说，如果他相信自己的父母，就会使出浑身解数捣乱。在成长的过程中，他会想方设法地试验自己的力量，去破坏、损毁、吓唬、磨损、浪费、欺骗、占有……如果我们希望他不要过于害怕自己的想法和想象，以至于在情绪上难以健康发展，那他最好从一开始就生活在一个被慈爱与坚定的力量（以及相应的宽容）包裹的圈子里。[35]

在一个能够容纳强烈、混乱情绪的环境里，孩子会朝着健康的方向发展，他会有一种生机勃勃的、积极的"我在"的感觉。给孩子的行为设置界限，但小心不要压抑孩子的心灵。这样一来，照料者会传递出一种安全感，这种安全感好像在说："**我能接受你波动的情绪。我会陪着你。你不会孤身一人。**"在本章开篇的场景里，那位母亲明显不能容忍错位的存在，她想要给予女儿完美的情感陪伴，但这可能会阻碍女儿自我意识的形成。能动性与自我意识是紧密相连的。

必要的冲突加深亲密感和联结感

27 岁的梅可能一直是朋友嫉妒的对象。她一直沿着父母为她铺设的道路前进，取得了优异的成绩，参加了一系列课外活动，这些经历能让她进入一所好大学。她父母都是成功的学者，他们鼓励她从事教育事业，而她也十分配合地遵循了父母的期望。她沿着一条可以预见的道路，读了研究生。她开始与一名高中教师约会，而这位教师的随和举止与她的家庭文化十分契合。她父母也很欢迎他的到来，但很快她就感到了一种难以言喻的压力——被父母要求结婚成家。她从未违逆过他人对她未来的任何期望——直到她分手的时候为止。事实证明，这位教师对父母来说是完美的女婿，但对她来说却不是理想的丈夫。

在一位小学时的好友的鼓励下，梅有生以来第一次没有继续维持一切顺利的假象，而是给予自己时间，让自己生活在不确定的痛苦状态里。她既悲伤又孤独，但仍然带有一丝希望。正是这一丝希望让她从床上爬起来，办了当地健身房的会员。她小时候喜欢游泳，现在她周末有了空闲时间，就重新开始游泳了。有一天，梅偶遇了几名"大师游泳队"的成员，他们邀请她加入他们的训练。从那以后，在周六的早晨，每当她在队友身边奋力游泳，一下接一下地划水时，她体验到了一种完全融入自己身体的感觉。随着自己的每一个动作，她逐渐有了一种平静而有序的感觉。即使她有时转弯的技术不太好，但她依然会努力划水。精神病学家布鲁斯·佩里（Bruce Perry，见第 5 章）说过，像走路、跑步和游泳这样的快速交替运动，具有调节大脑、行为和情绪的作用。在训练结束后的更衣室里，由梅和队友的肾上腺素激增点燃的同伴情谊也增强了梅的自我意识。

梅从游泳本身和这些新关系中获得的能量，给了她改变职业方向的勇气。她感到了一种对更深、更复杂的联结的渴望。她决定做一名社会工作者。在接受培训的时候，她遇到了查斯顿。与过去平稳顺利、波澜不惊的恋爱关系相比，她在和查斯顿谈恋爱时经常会发生冲突，但他们非但没有回避冲突，还顺利解决了这些冲突。这让他们的亲密感和联结感更深了。

我是谁？我该何去何从？这一切都意味着什么？ 这些问题从童年时起就不断地推动我们前行，并且贯穿于我们成长和改变的始终。在一篇题为"优雅的混乱：反思爱德华·Z. 特罗尼克的研究"（An Elegant Mess: Reflections on the Research of Edward Z. Tronick）的文章中，精神分析师史蒂文·库珀[36]（Steven Cooper）提出了一个明智的问题："既然成年人在大部分时间里都不明白自己的意图，那么这样的两个人如何才能做到真正的心意相通？"在我们努力与他人建立联结的过程中，我们会通过与他人的边界发生碰撞来找到真实的自己。

梅反思了她的生活，从她看似完美的童年到她与男友分手后的混乱状态，她发现自己几乎认不出过去的自己。随着时间的推移，新的经历与关系让梅开始建构一个更加复杂、更加真实的自我意识。

对于梅来说，生活中的变化主要来自游泳、找到新朋友、帮助新工作中的服务对象，以及与查斯顿谈恋爱。童年经历在多大程度上影响了她在分手后所陷入的困境？她对这个问题的认知理解并不重要。

关系体验本身会成为你身体的一部分，并且能够改变你对自己的看法。这一点也体现在了我们会在下一章深入探讨的例子里：许多人在与他人一起唱歌的时候得到了深刻的疗愈。在合唱团排练的时候，独唱部分、合唱部分，以及全团与指挥之间，都存在着无数错位与修复的循环。合唱团成员一起练习演唱复杂的乐曲时难免会犯错，这些错误对于高水平的演出来说是至关重要的；对于合唱团成员来说，克服混乱的情况，唱出复杂而协调的歌曲能带来极大的快乐，这种快乐之后也会随着音符一起传达给观众。

没有不完美，你我将不复存在

根据自己对宇宙的观察和理解，物理学家斯蒂芬·霍金认识到："宇宙的基本规律之一是，没有什么东西是完美的……如果没有不完美，你我都将不复存在。"[37]霍金明白，大分子在碰撞时所产生的复制错误，对于地球上的生命诞生来说是必要的。霍金观察到了不完美在物理世界中的必要性，而温尼科特则在人类发展中观察到了完全相同的过程，这个过程从人类的出生就开始了。

与其他哺乳动物不同，人类在出生后的前几周里非常无助，人类的这种特点是独一无二的。在产生原始的惊跳反射时，婴儿会随时伸出手臂盖住脑袋。他们的睡眠不遵循固定的节律，也没有特别的原因。他们整天不停地吃喝拉撒。这种特点是大脑发育不成熟的结果[38]，为了让头部通过产道，大脑70%的成长过程是在子宫外进行的。因此，新生儿需要完全依赖照料者来帮助他把世界安排得井井有条。

正是因为如此，任何一位刚做父母的人都能告诉你，照顾新生儿是一项全天候的工作。温尼科特观察到，如果母亲自己得到了良好的照顾和支持（我们的文化中往往缺乏这样的体验），她就能更好地找到与婴儿协调一致的状态。他用"普通的尽职母亲"[39]（ordinary devoted mother）一词来描述这样的母亲：她能用正常、健康的方式来关注婴儿的每种需求。在婴儿完全无助的最初几个星期里，如果母亲能得到抱持和支持，那么母亲和婴儿就能在这段时期里感受到一种融为一体的感觉。

但在健康的状况下，这种协调感是暂时的，只能持续大约10周，到婴儿开始获得自我调控能力的时候为止。随着孩子的大脑发育、身体成长，原始的反射会逐渐消退。他的动作会变得更加协调。温尼科特指出，到了这个时候，（用他自己的话来说）母亲在试图满足婴儿所有需求的时候必须"失败"，这样孩子才能继续成长。母亲必然会失败，但她会有一项新的任务，用温尼科特所创造的术语来说，这个任务就是做一个**足够好的母亲**[40]（good-enough mother）。温尼科特认识到，正如大多数母亲在婴儿完全无助的时期都会自然地关注孩子，大多数母亲也会自然地成为"足够好"的母亲。这些品质是无法从书本上学到的。

对于"足够好的母亲"这个概念，人们经常做出过度简化的解读，将其理解为一种轻率的宽慰，即照料者不必介意他们所犯的错误，但这个概念反映了一条更为深刻的真理，那就是不完美对于健康的发展来说是必要的。温尼科特明智地指出了这一真理：失败（也就是霍金所说的"错误"）不仅是不可避免的，而且是至关重要的。母亲的目标不应该是完美无缺，而是足够好。通过适应母亲的失败，婴儿会开始经历与母亲分离的过程，并学着处理生活中那些不可避免的挫折。自我与他人之间的边界便开始形成了。

这就是自我调节能力发展的基础，自我调节对于学习和社会能力来说都是至关重要的。我们在第 4 章会深入探讨，自我调节来自与他人一起应对（work through）错误或失败的过程。温尼科特在他的著作《游戏与现实》（*Playing and Reality*）中写道：

> 在这种情况下，"足够好"的有利环境被当成了理所应当的，而这种环境从一开始就是每个人成长和发展的必要条件。有些基因决定了成长与成熟的模式与遗传倾向，但如果缺乏环境所提供的给养（而且这种给养必须是足够好的），那么个人就不会有任何情感上的成长。请注意，这句话里并没有提到"完美"这个词——完美是属于机器的属性，而不完美则是人类适应自身需求过程

的显著特征，这种不完美是利于成长的环境所具备的基本性质。[41]

除了学术写作以外，温尼科特还经常撰文与父母交流，有点像英国的斯波克医生[⊖]（Dr. Spock）。他在一篇文章中写道：

> 如果我是一个孩子，那我宁愿自己的母亲拥有人类所有的内心冲突，也不想要一个全知全能、像个陌生人一样可疑的母亲。[42]

温尼科特在他的儿科工作中做了大量的观察，他深入观察了亲子的实时互动关系，他将这些观察结果与他身为精神分析师的工作结合了起来。他的成年患者花了无数个小时躺在沙发上，用他的话说，许多患者"退行到了依赖的状态"，就像埃里克刚刚开始接受奥尔兹医生的治疗时一样。即使是短暂的分离也会让他们体验到深深的焦虑。对于关系的和谐，只要出现任何轻微的干扰，他们都会有强烈的反应，比如在他们做出回应之前会有长时间的停顿。但是，他们可以解释自己的心情，而不是痛苦地哭泣（也可以边哭泣边做出解释）。他们将早年照料关系中的情绪带入了与温尼科特的关系——西格蒙德·弗洛伊德将这个过程称为**移情**。这些互动让我们深入了解了这些患者在前语言时期的情感生活对他们所造成的影响。

从这样的体验中，温尼科特提出了**真我**（true self）和**假我**

⊖ 本杰明·斯波克（Benjamin Spock），美国儿科医生，他创作的育儿书籍影响了美国的好几代父母。——译者注

（false self）的概念。他会倾听这些成年患者的倾诉，而他们就像梅一样，似乎缺乏稳定的自我意识。温尼科特与成年人和儿童的工作经验让他认识到，如果母亲未能满足婴儿的需求，不能每次都理解婴儿所传达的信息，但能花时间来弄清孩子的意思，那她就为孩子适应所有社会互动中所固有的不确定性铺平了道路。这样一来，婴儿的自我意识就会逐渐形成。

相反，他也观察到，如果由于多种原因，照料者无法容忍关系中的不完美之处，孩子可能就会出于"顺从"而发展出假我。请回想本章开篇的那个视频描述（孩子很生气而母亲却坚称孩子很伤心），我们可以想象，如果在这样的亲子互动中，孩子的感受屡次得不到包容，她可能会顺从，否认自己愤怒的真实感受，并且为了与母亲站在同一阵线而产生悲伤的情绪。在梅的故事里，我们就感觉到了这种顺从。她沿着家人所期待的坦途前进，这样的生活阻碍了她真我的发展。

追求完美会导致焦虑和阻碍成长

足够好的母亲有时不能满足婴儿的需求，而婴儿应对这种失败的能力会不断增长，母亲的失败与婴儿的能力是匹配的，如此一来，足够好的母亲就促进了婴儿的健康发展。然而，"太好"的母亲会焦虑地追求完美，可能会阻碍从错位到修复的过程所带来的成长。

　　莎拉给心理治疗师打了电话，并留下了一条信息，预约治疗师帮她处理3岁的儿子本的问题行为，她说她只能在2: 00～2: 30之间打电话，因为这段时间她能确定本在午睡。她解释说，每天早上8: 00～9: 00，本在吃早餐，然后会在午睡前玩耍。午餐必须在正午的时候吃，而12: 45是本的散步时间。他会在2: 45时准备睡觉，到2: 00的时候，他就睡着了。"那时我就能说话了。"莎拉说。在她讲述如何根据本的每种需求来安排自己的一天时，她传达出了深深的焦虑。

　　本和莎拉的关系一开始就不太顺利。莎拉在剖宫产手术中出现了并发症，在重症监护室里待了几天。回想起来，虽然那段经历给她带来了情绪痛苦，但在那之后，她觉得婴儿时期的本给她带来了"完美的幸福"。然而，当本开始蹒跚学步的时候，事情就开始变得一团糟了。现在，尽管莎拉试图像本在婴儿时期那样无微不至地关注他的需求，但好像这一切都是徒劳，现在他们日日夜夜都像是在打仗一样。本很难入睡，上幼儿园时很容易情绪崩溃，只要稍不如意，他就会大发脾气，比如晚餐吃鸡肉而他却想吃意大利面的时候。当莎拉在治疗中讲到自己的这些经历时，这种关系模式看起来不仅源于早期的母子关系问题，也源于她在本刚出生的前几周里因为病得太厉害、无法照顾本而"抛弃"他时产生的内疚。但经过进一步的思考，莎拉意识到自己的母亲也有同样的压力，力图用完美的方式来照顾莎拉与她的哥哥。她说她的母亲牺牲了自己的需求，牺牲了她的自我，把一切都给了她的孩子。莎拉感到很压抑，在她的回忆中，她觉得自己焦虑的母亲在情感上很疏远、难以接近。

莎拉和本陷入这种关系模式，其中的部分原因可能是她不想让本失望，就像本刚刚出生时的那些日子一样。但她在照顾本的时候重复了自己当年所接受的育儿方式，于是这种问题就越来越根深蒂固了。当莎拉意识到这种"过于完美的母亲"所代表的代际互动模式时，她不仅看到了她努力追求的完美是无法达到的，还看到了这种追求让她变得紧张而担忧。她猜测本的行为可能就反映了她的焦虑。当莎拉看到，自己对完美主义的追求影响了她和本的情绪时，她深深地松了一口气，感到了一种放松的自由。

莎拉开始允许自己容忍幼儿期的混乱，并意识到了这种情况其实有助于培养本的应对能力。这样一来，他们共同的焦虑就减轻了。虽然本在某个时刻想要某个特定的鸭嘴杯，但她不必每次都满足他的要求；就算本表示强烈反对，她也可以找一个晚上和朋友们外出聚会。当他们克服了这些困难之后，本的睡眠得到了改善，他终于喜欢上了幼儿园，也交到了朋友。错位与修复的过程让他们产生了更健康的边界，他们对彼此、对自己的信任也增长了。

我们可以把从这个故事中吸取到的经验教训运用到我们一生所有的人际关系中。就像莎拉焦虑地满足本的每种需求一样，在我们成年人的关系中追求完美也会产生焦虑，阻碍成长。

为不完美的关系创造空间

为了解决一个棘手的问题，布莱恩的公司的董事会成员已经研究了好几个月。在一次又一次的会议上，他们围坐在会议室的桌子旁，讨论不同的解决方案。几位董事会成员对于应该采取何种措施都有自己的观点，似乎都不愿让步。整个进程被卡住了。许多人开始害怕开会。布莱恩的朋友克拉丽莎是董事会成员之一并在当地开了一家舞蹈学校。在一次会议之后，克拉丽莎把布莱恩叫到一边，对他说："你们为什么不在我的工作室里开会呢？"她建议，与其直接开始讨论该做什么，不如在会议开始时花一些时间，让每位与会者联络一下感情，谈谈自己的一天。"制订一些简单的基本规则，在这段时间里只要倾听，不要打断别人。"布莱恩接受了她的建议。当大家到达时，他们有一些可以选择的座位，包括豆袋椅、瑜伽球和折叠椅。有些人则选择坐在地板上。这种无序的安排减轻了大家的压力，让他们不必执着于清晰地阐述思考成熟的解决方案。在倾听练习中，克拉丽莎让大家都站起来，在房间里走动，选择聊天的对象。然后，每个人用 3 分钟的时间与搭档分享他们上周经历过的积极和消极的事情。按照要求，倾听的人不能打断对方或提供建议。他们都发现，要做到这一点需要很强的自律。当他们开始讨论公司的问题时，大家才发现克拉丽莎是个很高明的"监工"，因为她限制了他们用各自的方案打断对方讲话的倾向。有了倾听练习的经验，董事会成员愿意停下来、花时间思考同事所说的话，然后再表达自己的观点。围坐成一圈，而不是坐在桌子旁，并且在一个与平时工作场所截然不同的地方开会，减轻了每位董事会成员给出正确答案和完美解决方案的压力。此时每个人都可以承认其他人也可能是对的。这个过程激励了他们，新的想法也开始涌现出来。很快，他们就想出了一个逻辑严谨、前后一致的行动计划。为解决问题的混乱过程创造空间和时间，帮助他们想出了有意义的解决方案。

还有一个例子，那是个关于两个朋友的故事。索菲亚和伊莎贝尔是在二年级认识的。虽然两人的成长经历不同，但她们的友谊却延续了很多年，即使索菲亚搬家去了很远的地方，她们依然是好朋友。她们喜欢一样的音乐，喜欢一起旅行，而且彼此的陪伴让她们都感到很舒服。后来她们有了各自的孩子。截然不同的家庭教养方式给原本融洽的关系制造了第一道裂痕。随着孩子们的成长，她们之间的分歧也越来越大。大约在孩子上小学的时候，住在西海岸的索菲亚来看望伊莎贝尔，但她们俩大吵了一架，她们的友谊因此而彻底破裂。两人都记不清到底发生了什么，但她们相互不再联系了。由于她们住的地方相隔很远，所以她们很容易回到日常生活中去，假装这件事无关紧要。但随着岁月的流逝，失去这样的友谊还是让她们怅然若失。她们都曾尝试过和解，但电话交流让她们感觉既紧张又尴尬。当索菲亚再回到在东海岸的儿时的家里参加家庭聚会时，伊莎贝尔恰巧正在休假。就在此时，事情出现了转机。她们决定周末见一面，一起去徒步旅行。这段相对较长的时间让她们最终谈起了过去发生的那件糟糕的事。一起散步让她们的身体平静了下来，让她们能够进行充满感情的谈话。这种有规律、有节奏的运动帮助了她们倾听对方，最终她们

理解了对方的观点。她们修复了关系中的错位，对自己和彼此都
有了新的理解。几年后，她们的孩子都已长大成人，她们决定每
年在索菲亚到东海岸来时，都要拿一天出来散步聊天。最终，她
们得以在彼此的生命中以更深刻、更有意义的方式彼此相伴。

　　无论是花上片刻还是几年的时间，修复关系中的错位都能让
我们成长和改变。正如这两个故事所说，如果我们能创造一些空
间，去倾听对方的观点，就能产生新的意义。我们在第 9 章会进
一步探讨，这不仅仅是一个找到合适话语的问题。如果我们要在
各种体验（包括运动与感觉）中建构意义，就需要让自己的身体
参与其中。

接纳关系中的混乱

　　当 D. W. 温尼科特在伦敦将其观察结论整理汇总成理论的时
候，T. 贝里·布雷泽尔顿正在酝酿自己关于"不完美"的理论。
彼时的布雷泽尔顿还是马萨诸塞州剑桥市的一名儿科医生。布雷
泽尔顿注意到，年幼的孩子在出现跨越式的发展之前，往往会陷
入崩溃。在他的著作《触点》[43]（*Touchpoints*）中，布雷泽尔顿
提出了一个从数十年临床观察中建立起来的照料儿童和家庭的模
式，他在该书的序言中写道："在出现任何迅速发展的势头之前，
孩子的行为似乎都会出现严重的问题。父母不能再依赖自己过去
的育儿经验。孩子往往会在数个领域内出现退行，变得难以理
解。此时父母会不知所措、忧心忡忡。"但是，当布雷泽尔顿把

这种混乱无序的状态视为新的成长与发展的必经之路和必要的前兆时，他认为父母可以利用这个机会深入地了解自己的孩子，而不是"陷入斗争"。

埃伦觉得自己就快成为一个失败的母亲了。她在襁褓中的儿子诺亚似乎已经进入了一种有规律的睡眠模式，可在短短的几个月后，事情就完全失控了。他每天晚上会醒来好几次，而他的这种情况让人难以理解，完全无法预测。埃伦看了看 Facebook 上朋友带孩子的照片，发现并没有任何迹象表明他们也有着与她类似的疲惫与崩溃，这让她越发觉得自己不够好了。她尝试了许多不同的方法：在诺亚醒来的时候抱着他摇晃；让他自己哭泣，直到睡着；把自己喂奶的时间限制在刚刚入夜的时候，当诺亚在凌晨两点、四点醒来的时候，就让丈夫去用奶瓶喂诺亚。但是，由于睡眠不足，她无法清晰地思考，她觉得自己陷入了绝望之中。

之后，诺亚迈出了他人生中的第一步。就在他刚刚掌握直立行走的本领的同时，他的睡眠也开始改善了。他在夜里醒来的次数减少了。埃伦在最初几个月里用来帮助他睡眠的方法又开始起作用了。埃伦也因此得到了较好的休息，她那开始蔓延的抑郁情绪也逐渐消散了。

布雷泽尔顿对这对母子表现出了深深的共情。他不仅理解孩子睡眠困难的经历，还看到了父母在适应新的身份时需要应对许多复杂的情绪。有些父母抱有不切实际的期待，他们很难理解孩子的行为和孩子传达的信息，但他们不是坏父母。他们只是很困惑。觉得自己不够好的感觉和内疚感会蒙蔽他们的视线。焦虑可能会让他们试图控制孩子的行为，就像许多父母经常请求儿科医生"告诉我**现在**该怎么办"一样。

尽管布雷泽尔顿在《触点》中提出的理论模型主要适用于处理儿童和家庭的问题，但该模型提供了理解童年混乱时期的思考框架。这种思考框架对于每个人一生中经历的所有混乱时刻也都是适用的。该模型包含了我们在第 1 章讨论过的开放动态系统理论的基本原理——混乱本身为成长和发展提供了能量。

警惕完美主义的文化

在现代文化中，充斥着对自我和人际关系的完美主义期待。人们越来越不能容忍混乱。在谷歌中搜索"**完美主义**"[44]，搜索结果会显示大量标题类似"年轻人被淹没在完美主义的浪潮中"的文章，而这些文章引用的研究文献，都为这种现象提供了证据。有一个测量完美主义的量表，叫作"多维完美主义量表"[45]（Multidimensional Perfectionism Scale），该量表是由心理学家保罗·休伊特（Paul Hewitt）和戈登·弗莱特（Gordon Flett）在 20 世纪 90 年代早期开发的，并且做了标准化处理，被广泛应用于社会科学研究。有一项研究表明，在 1986～2016年，英国、加拿大和美国的大学生的完美主义的倾向增加了33%。[46] 该研究的通讯作者告诉《纽约时报》[47]（New York Times），"千禧一代有追求完美的压力，其中的一部分原因在于社交媒体，这导致他们会将自己与他人进行比较"。（关于该主题的更多信息，请参阅第 7 章。）育儿专家凯蒂·赫尔利[48]（Katie Hurley）以 9 岁女孩格蕾西为例，描述了"完美女孩综合征"（perfect girl syndrome）：格蕾西"把她的一生都规划好了，不愿意面对人生道路上的任何差错"。

这种追求完美的冲动，似乎让那些被诊断出心理疾病的一代成年人陷入了更加艰难的困境。完美主义量表的开发者[49]在几十年的研究中发现，完美主义与抑郁、焦虑、进食障碍和其他情绪问题相关。大量"教人怎么做"的书籍、杂志和博客里塞满了各种建议和各种问题的速效对策，这一切都强化了一种感觉：只要我们有正确的答案，一切都会变得很完美。诸如名为"走向完美婚姻的 6 个步骤"和"培养孩子复原力的 10 个建议"的博客文章的点击率往往是最高的。人们心中怀有一种期待，他们希望能有一种正确的成功之道，有一位专家能告诉我们在所有情况下应该怎么做，而这种期待助长了一种错觉：我们可以在与他人的互动中避免遇到混乱。提供"实用、有效的建议"的书籍和文章，实际上可能会强化对于完美的期待，这种期待会产生焦虑，阻碍成长。任何问题都有无数种正确的应对方法，但这些方法都是独特的，只适用于特定的人际关系。问题的答案在于关系本身。

我们给一群从事家庭和儿童工作的专业人士做了一次演讲，在此之后的讨论证实了这种观点。儿科医生、护士、哺乳顾问⊖

⊖ 哺乳顾问是有关母乳喂养的专业人士，他们教母亲如何喂养自己的婴儿，帮助那些有困难的母亲，协助母亲重返工作或学校，并达成她们母乳喂养的目标。——译者注

（lactation consultant）、家访工作者以及早期干预专家都表示，他们觉得有一种压力迫使他们告诉父母或服务对象"该做什么"。他们当中的许多人认识到，向父母传授专业知识可能会削弱父母天然的权威感，使他们在**与孩子相处时**难以相信自己的应对能力。

这种给予建议的文化大大缩短了关系修复的过程。这并不是说，每个人都需要独自面对问题。在你感觉被倾听、被支持的人际关系中度过艰难的时刻，比一大堆所谓的窍门或方法都能更有效地促进健康与幸福。

克劳迪娅为一群年幼孩子的母亲做了另一场演讲，在演讲之后的答疑环节，她感受到了这些母亲对她的殷切期待，她们期待她能对所有教养中的挑战给出"正确的答案"。克劳迪娅没有给出答案，相反，她一直在倾听大家的故事，并鼓励这些母亲相信自己在任何时候都知道该怎么做。她强调，她们会犯错，但正是这些错误引导她们走向健康的成长与改变。

一位母亲想知道，当她 3 岁的女儿把鞋子扔到房间的另一边时该怎么办。"我应该管束她的行为吗？我应该问问她的感受吗？"克劳迪娅帮助这位母亲思考了一下，如果她接纳这种情况的不确定性会发生什么。如果她在当时决定严加管束，而女儿彻底崩溃了怎么办？她可能高估了女儿保持平静的能力。如果她意识到女儿已经疲惫不堪，被她所不能控制的情绪淹没了，那她可能不得不改变策略，转而提供安慰，包容女儿的情绪。或者，如果她试图谈谈女儿的情绪，但这个小女孩依然情绪失控，那该怎么办？那时她就会明白，女儿此时真正需要的是母亲为她的行为设置稳定的边界。如果她们能一起解决问题，共同经历修复错位的过程，她们的关系就会升温，她们的信任与信心也会因为共渡难关而深化。

温尼科特用"**抱持的环境**"[50]（holding environment）一词来描述安全、有保障的关系，在这种关系里，所有的体验都能得到接纳、包容和理解。这个概念最初是指母亲在身体和情感上充分地陪伴她在发展中的孩子。不过，温尼科特和其他人将这个词广泛地用于描述各种个人和群体所组成的环境。"抱持的环境"这个理念，成了人们除依赖专家建议之外的另一种备选。如果他们能在一段关系中得到抱持，他们就能克服各种关系中的困扰与冲突，而不是去回避问题。

是什么因素让一个人在关系中感觉到（或感觉不到）抱持？如果错位与修复的过程滋养了我们的精神，而混乱对于成长和亲密来说是必需的，那么又是什么因素阻止人们陷入混乱的境地呢？在本书目前讲过的故事里，凡是发展出了问题，关系陷入困境，都是因为在当事人所处的环境中，不确定性给了他们一种不安全的感觉。相反，在每个故事中，由安全感而引发的冲突都可以带来成长与治愈的机会。在接下来的章节里，我们要探索你是如何让自己的身体和心理都感到足够的安全的，以至于你能不惧制造混乱。

第 3 章

制造混乱的安全感

在女儿弗洛拉出生的时候，埃琳娜的世界好像要崩溃了。首先，她心爱的宠物猫死了。后来，她婆婆被诊断出患有癌症。虽然婆婆的预后状况良好，但她的治疗需要让埃琳娜的丈夫山姆前去照料。山姆由于经营自己的公司，已经花了很长时间在工作上，而现在他的压力更大了，陪伴家人的时间就更少了。想到要和 3 岁的儿子马泰奥讨论这一切，埃琳娜就感到无比苦恼。马泰奥的生活刚刚被小妹妹的出生打乱，她和儿子怎样才能面对失去宠物的痛苦、疾病带来的不确定性，以及随之而来的混乱状况呢？最好还是掩饰一下，装作没什么大不了。但是，马泰奥的问题行为不断升级，不断地罚他回自己房间只会让问题变得更糟。埃琳娜明白，这种"粉饰太平"，象征性地把混乱关在门后面的做法并没有起作用。埃琳娜的母亲来和他们一起住了几周，然后她才感到足够安全，能够开始承认生活中的难题，并着手解决这些问题。埃琳娜决定推迟原定的学业计划，6 个月后再攻读社会工作的学位，这样她就能更好地陪伴家人了。马泰奥对运动和音乐产生了浓厚的兴趣，于是她就和马泰奥报名参加了亲子舞蹈班。在这个复杂的过渡期，埃琳娜母亲的陪伴让他们平静下来了。事实证明，这种陪伴对于埃琳娜的安全感来说是至关重要的。只有这样，埃琳娜才能克服全家人的各种困难情绪所带来的混乱。

在生活中，失去联结的状况是不可避免的。我们为什么会努力掩饰这些问题的存在？我们可能害怕一个漏洞会让整个系统都陷入瘫痪。我们需要安全感和信心，才能相信当事情分崩离析时，我们还能重整旗鼓。

我们在第 1 章中已经看到，埃里克的父母经历过大屠杀，他们对困难的情绪形成了一种僵化的回避模式，这种模式对于他们的生存而言是必需的。他们需要让一切保持"正常"。他们的身体对于真正的威胁有着高度敏感的反应。当人们受到威胁时，他们的身体可能会阻止他们与人建立联结，而这个过程可能不受他们意识的控制。你负责思考的大脑可能会告诉你，当下的情境是安全的，但你的身体却感受到了威胁。

在关系的错位和修复中找到安全感

让我们来进一步考察我们的身体会怎样判断环境安全与否。

使用"静止脸"范式的研究表明，早在负责用语言来进行意识思维的脑区发展成熟之前，婴儿就能进行意义建构，将某种体验视为有威胁的。我们在研究一个 6 个月大的婴儿和他母亲互动的视频[51] 时就看到了这种情况。我们在做实时观察时并没有注意到这种情况，但是当我们慢放视频、逐帧分析的时候，就能明确无误地观察到这种互动的本质。

母亲弯下腰去安抚婴儿。婴儿抓住她的头发不放。母亲叫道："哎呦！"然后带着生气的表情后退了。婴儿的反应表明，对他来说，母亲的表情不仅仅是令人感到意外的或不熟悉的，而是带有某种特定的意义。婴儿表现出了对危险的恐惧。母亲的自动化反应虽然持续了不到一秒，但让婴儿感到害怕。他做出了躲避的动作。婴儿把双手举到面前，在椅子上侧过身去，然后从举起的双手下方观察他的母亲。

虽然这个婴儿还不能用语言来思考，但他已经能够推测他人行为的意图了。他认为某种危险的事情即将发生，于是做出了防御反应来保护自己。他母亲几乎立刻意识到了这一点，她很快就开始努力抚平这次波折，改变婴儿的体验。一开始，婴儿躲在自己双手的后面，但他开始微笑了。随着他们重新开始愉快地互动，威胁的体验以及这种体验的修复，就融入了他们对彼此和对自己的意识。他们都知道自己可以修复严重的甚至可怕的错位。

母亲和婴儿之间的这种互动，代表了父母与孩子之间的无数个错位与修复的时刻之一。正如你在之前的章节所看到的，这些时刻支撑着健康的成长与发展。婴儿使用他大脑中可用的部分来理解情境的意义。自主神经系统在婴儿出生时就能正常工作，它是评估环境是否安全的第一反应机制。

超越"战或逃"的反应

自主神经系统的分支遍布身体的每一个部位，它们能够接收外部环境的信息，并调整体内的环境，所有这些过程都是以无意识的方式进行的。当我们想到对危险情境的反应时，通常会想到著名的"战或逃"反应，这个反应就是由自主神经系统的交感神经分支所控制的。在 HPA（hypothalamic-pituitary-adrenal，下丘脑–垂体–肾上腺）轴的影响下，人体会释放应激激素，自动调动身体的运动系统——你的心脏会怦怦直跳，你的呼吸会急促而沉重。但是，这个简单的解释遗漏了一个重要的部分，关于人们如何感知危险并对危险做出反应。

与交感神经系统不同，副交感神经通过大型的、多分支的迷走神经发挥作用，让你平静下来。副交感神经系统能够减缓呼吸，降低心率和血压。这种平静状态有助于人们建立联结。但是在面对巨大的威胁时，这种状态也能切断人与人之间的联结。

印第安纳大学的神经科学家斯蒂芬·波格斯（Stephen Porges）是我们的一位重要合作伙伴，他的研究[52]揭示了你的生理状态如何充当关系中的大门，这扇门的开合决定了你能否信任他人、参与互动。这种生理状态决定了你体验的意义，影响了你做出的反应。

波格斯将我们评估情境是否安全的方式称为"**神经感知**" [⊖]（neuroception）。在此之前，科学家认为神经系统在与环境互动时只有两种运作方式：如果你感到安全，副交感神经系统就会被激活，而你会很平静、专注；如果你认为自己处于危险之中，控制"战或逃"反应的交感神经就会被激活。

但是波格斯发现了神经系统的第三种反应方式，这种方式也受副交感神经系统的控制。通过迷走神经，副交感神经系统用两组神经纤维与每块肌肉、每个器官连接在了一起。其中一组神经纤维，被他称为"**智能迷走神经**"（smart vagus，也被称为"**髓鞘迷走神经**"，是指神经纤维周围的绝缘护套）。当你敞开心扉接受拥抱、注视他人的双眼、倾听、与人建立联结时，这种神经就会被激活。社交是第一层次的生理反应。当你感受到危险时，第二层次的交感神经"战或逃"反应就会启动。但是，还有第三层次的反应，这种反应是由副交感神经系统的另一组神经纤维所控制的，波格斯将这组神经纤维称作"**原始迷走神经**"（primitive vagus，也就是"**无髓鞘迷走神经**"，因为这些神经纤维周围没有绝缘护套）。在我们面对不可避免的巨大威胁时，这些神经纤维就会被激活。有一个经典的例子，当猫抓住一只老鼠时，这只老鼠可能会在猫的嘴里装死。原始迷走神经让人保持静止，但这种静止并不能让人产生联结。你的身体会通过这三种不同的方式

⊖ 也见港台文献译作"神经觉"。——译者注

来评估环境的相对安全性，这就是波格斯所说的"多层迷走神经理论"（polyvagal theory）。该理论表明，由两部分组成的副交感神经系统，在你对环境安全性的评估与反应中发挥了重要的作用。副交感神经系统的功能，对于我们获得社会联结的能力来说是至关重要的。

面孔与声音里的安全感

智能迷走神经与原始迷走神经的纤维连接了面部、中耳、喉部与心脏的肌肉，它们就是你安全感和社交能力（或社交无能）的主要载体。波格斯写道："从功能上讲，社交系统源于心脏与面部的神经联结，这种神经联结能让心脏与面部、头部的肌肉协同活动。"[53]

你可能听过"坦露心迹"这个说法，但波格斯表示，从生物学上讲，更准确的表述应该是"袒露脸迹"。你是否愿意参与社会联结，可以通过面孔和声音表达出来。在前文提到的视频中，婴儿通过母亲的面部表情和声调读出了危险的意义。

查尔斯·达尔文（Charles Darwin）的《人类和动物的表情》（*The Expression of the Emotions in Man and Animals*）一书，可能和《物种起源》（*The Origin of Species*）一样重要，但前者更鲜为人知。达尔文在这本书中描写了极度复杂的面部肌肉系统，以及同样复杂的、调节声音语调和节奏（韵律）的肌肉系统，这些肌肉系统只有人类才有。我们为什么需要这些肌肉？我们能通过他人的面孔和声音了解他们的自主神经系统状态，从而知道与他们互动是否安全、这些人是否愿意建立联结。可以说我们读懂了他人的内心。

迷走神经可以调节眼睛周围的肌肉，即眼轮匝肌，这种肌肉可以做出邀请的神态，也就是通常所说的**"微笑的眼睛"**。智能迷走神经纤维可以让这些肌肉活动起来。但当你感到威胁时，这些肌肉可能会在原始迷走神经的影响下保持静止。试试不用眼睛微笑——那种感觉很虚伪，缺乏联结。你可能没有意识到，但当你和那些不用眼睛微笑的人打交道时，你能感觉到他们的微笑是假的。

同样地，迷走神经也能调节中耳的微小肌肉。当智能迷走神经被激活时，你能听到音乐、自然声、人声的全部音域。当你感受到威胁时，原始迷走神经就会被激活，中耳的那些肌肉活动就会减少，让各种声音听起来都失真了。当你平静的时候，几乎觉察不到时钟的滴答声，但当你感受到威胁时，那种滴答声就变成了连续不断的、让人心烦意乱的声音，就像指甲在黑板上划过的声音一样。

神经感知能解释我们上文所述的视频里婴儿的行为。他并没有"认为"母亲"生气"的意识。他还没有这些概念。但通过自主神经系统对情境的解读，他知道母亲的面孔和声音传达了危险的信号。

社交系统封闭会导致疾病和死亡

如果你感觉危险无处不在，过多的应激激素会伤害你的大脑和身体。不过，危险的体验之所以会伤害你，这种交感神经系统的作用并非唯一的原因。社交系统的关闭会让你"心痛"，导致疾病甚至死亡。迷走神经能影响你的免疫系统、心率、血压和内脏。孤独能让这个井然有序的系统陷入混乱，从而置人于死地。研究表明[54]，孤独会增加罹患心脏病、关节炎和糖尿病的风险，还会增加情绪痛苦与自杀的风险。

社会孤立与孤独并不等同。前者是对社会联结与互动的客观衡量，后者则是一种主观的孤立感。即使你身处人群之中，你也会感到孤独。你是否有过这样的经历，在某次社交活动中，周围的人都在欢笑，而你在一旁看着，像个局外人一样？在他人的陪伴下感到孤独，是一种非常痛苦的感受，就像在"静止脸"实验中的婴儿的感受一样，母亲既在身边，又不在身边。

为什么你和他人在一起时还会感到孤独？由于种种原因，那个特定环境中的某些东西让你感觉不安全。你觉得那个环境是有威胁的。你很难理解那些乐在其中的人到底为什么会如此快乐。你感到孤独、缺乏联结。引发这种反应的根本原因可能是重要关系中缺乏修复的经历。对于那些过去经常经历错位与修复的人来说，日常的社交互动似乎毫不费力。但是，社会互动对有些人而言却是问题重重，这可能与他们的照料者有关。他们要么是在情感上难以接近的照料者，要么是不容许任何错位现象存在的侵扰型照料者，而最糟糕的情况是，他们会虐待被照料者。无论是哪种情况，这些被照料者都可能在面对社交时产生完全不同的反应。如果你和一屋子人在一起，社会规范会让你无法逃跑和发泄情绪。如果神经感知让你的身体觉察到了威胁，你的原始迷走神经就会占据主导地位，启动保护性机制。这种反应不受意识的控制，并且会造成一种恶性循环。因为过去未经修复的错位经历会阻止你获得由社会联结带来的治愈力量。

哈里王子的转变：在关系的修复中发现真我

当无数次的互动导致某人将这个世界的意义视为威胁时，只有让他长时间沉浸在新的互动体验之中，接触各种安全的信息，才能改变旧有的意义。这种改变可能很缓慢，但很深刻。

看看今天的英国王子哈里，他拥有温暖迷人的微笑和充满关怀的声音，这应该可以解释梅根·马克尔（Meghan Markle）为什么会对他一见钟情。在整个婚礼过程中，他们的神情交流充分地体现了髓鞘（智能）迷走神经的功能——你可以在他们的脸上看见爱与联结。但是，当你在媒体上看到许多有关哈里王子夫妇在婚礼前的特别报道时，尤其是看到哈里王子年幼时的视频和照片时，你就会发现，在很长的一段时间里，这个世界对他来说并不安全。你可以从他的脸上看出受到威胁的神情。

哈里王子父母的婚姻，从一开始就不幸福。与他的哥哥、王位继承人威廉相比，他常常被人称为"备胎"，威廉在王位继承的顺序上排在他前面。在哈里王子和他母亲戴安娜王妃的照片中，我们可以从他们脸上开朗快乐的笑容中看出，戴安娜王妃显然给了哈里无条件的爱。但不幸的是，戴安娜王妃在与查尔斯王子离婚的第 2 年就去世了，当时哈里只有 12 岁。在哈里之后 20 年的照片里，你只能看见一张有些呆滞、僵硬的脸。他常惹麻烦、酗酒、行事鲁莽。

如果你仔细观察哈里王子在成长过程中的照片，你可以从他的脸上看出他自主神经系统的状态。在童年早期的一张欢乐的照片中，他坐在妈妈的腿上，当时他们在游乐场里游玩，两人的脸上都洋溢着拥抱社交的灿烂笑容。相比之下，我们很难在他青春期和成年早期的照片里看到他与戴安娜的合照或现在的照片里的那种会心一笑。他的面部表情里有一种僵硬感。即使在他微笑的照片里，你也看不到情感投入的温暖，看不到像现在这样充分的情感表达。他过去好像是受到了原始迷走神经的影响，忙于应付充满危险的世界，而现在他的智能迷走神经已经被充分激活了。在现在的采访中，你能从他的声音中听到一种轻快的语调，似乎在邀请我们与他建立联结。

这种转变是如何发生的？从展现在公众面前的生活来看，我们可以略微地了解到，他受到了多种关系的影响，从而得以克服混乱的境况，拥抱生活的复杂性，增强心理一致感。还有什么比王室婚礼更复杂、更需要一致感的呢？你可以看到他在非洲，和父母死于艾滋病的孩子一起踢足球。他在这些孩子身上看到了自己失去母亲时的那种空虚感。他的军旅生涯对他的成长起了至关重要的作用。能够加入驻扎在伊拉克的一支部队，成为"小伙子中的一员"，这让他有机会做自己，或者用温尼科特的话说，让他有机会发现自己的真我。也许正是这些积累的经历给了他足够的心理一致感，使他能够为失去母亲而哀伤——这是一项艰难的情绪工作，而且他也曾公开承认，他觉得自己没有哀悼的权利。当然，我们不能明确知晓他的心路历程，但我们可以猜测，哈里是为了面对母亲的去世而寻求的心理咨询，这也许给了他一种安全的关系，让他得以经历从错位到修复的过程。

《每日电讯报》（*Daily Telegraph*）2017 年 4 月刊登的一篇文章[55]，描述了哈里王子接受英国记者布约尼·戈登（Bryony Gordon）采访的经过，他在采访中讲述了自己在面对母亲的去世时的挣扎以及寻求心理咨询的决定。"我可以很确定地说，我在 12 岁时失去母亲，并且在过去的 20 年里封闭了自己的所有情感，这一切对我的个人生活和工作都产生了相当严重的影响。"

他和哥哥、嫂子一起创办了"同舟共济"[56]（Heads Together）公益组织，力图改变人们谈论心理健康问题的方式，消除心理健康问题背负的污名。该组织的网站上说："'同舟共济'希望帮助人们更坦然地面对自己日常的心理健康议题，并且拥有支持朋友和家人的实用工具。"

媒体对这对王室新人的一些报道，谈到了他们在与非洲儿童的工作中建立的情感联结，而且他们都希望利用自己的名声在世界上做一些好事。这种解读表明，他们之间的爱建立在可以用语言表达的理念之上。但也有许多报道透露，在哈里与梅根·马克尔第一次约会的时候，哈里曾问她："你明天打算做什么？"我们也可以猜测，在某种意义上，他们之间的联结也许还有非言语的成分。这种安全的神经感知，是先于语言和意识思维而出现的，而这种神经感知可能在他们的关系中也发挥了重要的作用。

激活智能迷走神经，打开社交之门

　　我们在小时候的经历可能会让我们觉得这个世界充满了危险，就像哈里王子的故事一样，但我们与生俱来的特质可能也发挥了重要的作用。不同的婴儿对声音、触摸和感官体验有着许多不同的反应。有些婴儿喜欢被人抱着，另一些则不喜欢，他们更喜欢按照自己的方式观察世界。有些婴儿会被最轻微的声响吓到，而有些婴儿则能够在任何噪声中安然入睡。有些婴儿遇到任何视觉刺激都会睁大眼睛、保持警觉，有些婴儿则会持续关注人的面孔。这些差异本身都不是"异常"的。但与其他孩子相比，在某些情况下，这个世界对于感官敏感性高的孩子可能会是一个更有威胁，或者更不安全的地方。虽然有些孩子可能会觉得社交聚会很有趣，但感觉系统敏感的孩子可能会用不同的方式解读这种情境：**发生的事情太多了，我很困惑，我需要离开。**

　　许多人觉得低频的声音是有威胁的，根据波格斯的说法，这种现象源于我们祖先对食肉动物的咆哮做出的适应性反应。如果孩子的副交感神经系统中有某些独特之处，让他对低频声音的感觉更为强烈，那他可能就会做出保护自己、安抚神经系统的行为。有些孩子会把玩具排成一排，或者详细了解每种恐龙，这些可能都是他们在这个难以承受的世界里尝试安抚自己的活动。虽然这些行为对某些孩子来说有着适应性的功能，但与他们互动的成年人可能会将其理解为某些病症的表现，比如说，成年人可能会给他们贴上自闭症的标签。

在描述孩子天生的特质时，人们可能会说"他脾气不好"或"她很难哄"。哈佛大学的南希·斯尼德曼（Nancy Snidman）和杰尔姆·卡根（Jerome Kagan）于 20 世纪 80 年代开展了一项开创性的研究[57]，他们根据 4 个月大的婴儿对一系列不同强度的感官体验（嗅觉、视觉和听觉）的反应，将其划分为"高反应性"和"低反应性"。在一系列的观察中，婴儿会听到一个女声用 3 种不同的音量说 3 个无意义音节。然后，研究者会根据婴儿的哭声和身体运动（包括拱起的手臂和腿部的运动）对他们进行归类。那些被归为高反应性的婴儿更容易露出痛苦的神情。斯尼德曼和卡根对这些孩子进行了多年的追踪研究，获得了一系列行为和生理指标。他们发现，高低反应性的分类能够反映他们从幼儿期到青春期的气质⊖差异。进入幼儿期时，高反应性的孩子更倾向于回避新环境。到了学龄期，他们会有情绪压抑和谨慎的倾向。到了青春期的时候，这一类的孩子自述的消极心境比同龄人

⊖ 气质（temperament）是指一个人典型和稳定的心理活动的动力特征，包括心理活动的速度、稳定性、强度、灵活性等，与日常生活中所说的"性情"类似。——译者注

更多，他们对未来感到焦虑。相反，低反应性的孩子在幼儿期的回避倾向最低，在以后会有更多自发的情绪表达和社交行为。所谓的**气质**可能就源于我们对于自身感官体验的理解。

如果父母难以理解孩子的行为，典型的错位 – 修复过程可能就会出现问题。从亨利出生的时候起，爱丽丝和布鲁斯就注意到他对声音特别敏感。当爱丽丝开车带亨利出门的时候，她发现反复放那首词曲重复、旋律轻快的流行儿童歌曲，能帮助他们平静地度过外出的时光。即便是音乐短暂停止，也会导致亨利烦躁地尖叫，当音乐继续播放时，尖叫也会迅速地停止。当亨利进入幼儿期时，这个问题逐渐消失，但新的问题又出现了。在美国国庆日的庆祝活动中，当亨利的姐姐埃玛和布鲁斯一起欣赏烟花的时候，爱丽丝则会带着两岁的儿子跑回停车场的车上。关上车窗，烟花的爆炸声被压低了，亨利的歇斯底里才平静下来。

到 3 岁的时候，亨利不愿意和幼儿园的其他孩子一起玩耍，他更喜欢绕着圈跑，有时还会出现布鲁斯和爱丽丝时常面对的情绪崩溃。有一位老师注意到了亨利的这种行为，建议他进行自闭症谱系障碍的评估。

从"静止脸"范式的角度来看，我们可以把这个情况重新定义为亨利的生理特征与环境之间的错位。亨利的高敏感性使他难以通过社交来建构关于世界的意义。他日常体验到的错位，比一个容易照料的孩子更加强烈，而他的父母、教师和他社交世界中的其他人需要付出大量的努力，才能帮他修复这种错位。

亨利后来学了音乐，成了一名双簧管职业演奏家。在父母的帮助下，他找到了应对并控制自己对声音的高度敏感性的方法。亨利的音乐天赋，实际上可能代表了他高度听觉敏感性的另一面。他辨别每个音符的能力以及绝对音感⊖，使他自然而然地找到了解决自身问题的方法。在他能够用语言说出某种声音让他难以忍受之前，情绪崩溃是他设法表达自身感受的唯一方式。他的神经感知将声音理解为威胁，这就像一扇关闭的门，阻碍了他通过社会互动获得意义。只有当他沉浸在音乐的表达中时，他才能成为真正的自己。

波格斯描述了唱歌和演奏管乐器是如何改变中耳的结构和功能的。[58] 在吹奏乐器的过程中，中耳肌肉的活动改变了低频声音的威胁性。在波格斯所说的"神经练习"中，也有一个类似的过程，这个练习就是有意识地做缓慢的深呼吸来让自己平静下来。这两种活动都能激活智能迷走神经，打开社交之门。

幸运的是，亨利天生的创造力为他提供了建构新意义的机会。在上大学之前，亨利几乎没有朋友。每周他都要花很多时间和大学管弦乐队的其他成员在一起，这是他第一次在社会关系中感到舒服自在。在这段时间里，吹奏双簧管这件事改变了他的自主神经系统。随着社交之门的打开，他建立了让他受益良多的友谊，他先是与其他音乐家交上了朋友，然后建立了更为广泛的社交网络。

⊖ 绝对音感是一种罕见的音乐天赋，即在没有参照音的情况下，仍能够辨认出由乐器或周围环境发出的任何音调的能力。——译者注

如果父母带来了危险的意义

亨利的神经系统会对某些声音做出反应，从而建构了危险的意义。感官加工的其他变异，比如对于视觉、触觉，甚至身体在空间中位置感的特殊反应，都可能使人与社会环境产生长期的错位，从而催生出歪曲的意义。对于有这种情况的人而言，修复错位所要付出的努力比那些感官敏感度正常的人要多得多。在每个孩子的生活中，成年人也会给互动带来意义，而成年人带来的意义往往源于他们自身的早期关系，这又让事情变得更加复杂。如果你是一个在童年时期相对缺乏修复经验的家长，你可能会把某种情况（比如尖叫的、失控的孩子）视为一种威胁。

亨利的父母尤其需要帮助他们的儿子从自身的体验里建构新的意义。布鲁斯和爱丽丝都借鉴了他们各自原生家庭充满爱的教养模式。爱丽丝每周都会和几位母亲一起喝咖啡，这些母亲是她在亨利出生的时候认识的。布鲁斯每周末都会在朋友的爵士四重奏乐队里弹钢琴。父母双方都有过许多被倾听和被支持的经历，这些经历给了他们力量，让他们能够帮助儿子在自己的强烈感觉中找到安全感。

有一种支持亲子关系的循证干预方法，名叫"安全圈"[59]（circle of security）。这种方法会帮助父母认识到，自己会把过去关系中的意义带入与孩子的日常互动。为了说明过去的痛苦回忆会让我们产生受到威胁的感觉，该项目使用了为家长、治疗师和培训师所熟知的"鲨鱼音乐"（shark music）。在该项目中，参与者会观看一段关于日落时分的大海的电影片段，并伴有旋律柔和的配乐。然后他们会再次观看这个场景，而这次的配乐与约翰·威廉斯（John Williams）在电影《大白鲨》（*Jaws*）中所作的经典主题曲很相似。

在那部电影的开头，威廉斯很可能故意选择了能够制造恐怖感的旋律，即使观众只是看着一汪湛蓝的海水，依然会不寒而栗。这种反应并非源自大脑皮层产生的意识思维，而是源自先于大脑皮层存在的感觉与自主神经系统。我们对《大白鲨》主题曲的反应并不是思维的结果，这就是一部恐怖电影的背景音乐。威胁就包含在声音之中。你不需要语言或思维就能感受到环境的威胁。在"安全圈"项目里，"鲨鱼音乐"代表了父母在与孩子互动时可能会感受到的威胁：父母在互动体验中产生的意义不受意识的控制，也无法用语言表达出来。

风靡全球的儿歌《鲨鱼宝宝》[60]（*Baby Shark*）为音乐和意义建构之间的关系增添了一些趣味性。在刚开始的旋律中，这首歌模仿了《大白鲨》的主题曲，但很快就变成了轻快迷人的主旋律。歌词反映了朝安全地带前进的过程，其中罗列了所有外出狩猎（可能象征了巨大的外部世界所固有的危险）的家人，最后以"终于安全啦，嘟嘟嘟嘟嘟嘟"结尾。尽管父母可能不理解为什么这首歌会大受欢迎，但儿童很可能会被歌曲中反映的从威胁到安全的普遍体验所吸引。

如果育儿本身会给你带来威胁的感觉，你的身体可能会在无意识中抑制交感神经的反应，因为你既不能"战斗"，也不能"逃跑"。保护孩子的本能也不会让你伤害或抛弃孩子。在这种情况下，原始迷走神经可能会占据主导地位。你可能会在无意间对孩子摆出一张无表情的脸，而这种社交系统的僵化反应可能让孩子也感受到威胁。

理查德和奈玛希望他们能在育儿过程中为孩子设置明确的界限和规则。他们既不希望像奈玛的父母那样过度溺爱、纵容孩子，也不希望像理查德的父母那样严厉、专制。他们很尊重 2 岁的欧文，从不对他说婴儿语。在他们看来，这种教养一直都很顺利。但是有一天，正在欧文专心致志地玩着一套新的乐高玩具（这是他的生日礼物）的时候，理查德却告诉欧文，现在应该出门了。欧文瘫倒在地板上，开始又踢又叫。理查德立即把欧文从地板上抱起来，而欧文的四肢在胡乱挥舞。理查德紧紧地抱住他，用温柔而坚定的语气告诉他，他不能这样做，他可能会伤到自己或他人。

从那以后，欧文每天至少要发 6 次脾气。"不要乱扔食物。"发脾气。"该睡觉了。"又发脾气。似乎他们说的每句话都会让欧文发脾气。每次他们把欧文举起来、抱着他，毫不含糊地告诉他不能再这样做的时候，他都会发脾气。有一天，奈玛告诉欧文，在吃完晚饭之前不能吃饼干，于是欧文就把整盘饭菜都扔到了地板上，弄得家里一团糟，这成了压死骆驼的最后一根稻草。那个可爱、随和的小男孩去哪儿了？

起初，理查德说他为儿子的突然转变感到困惑。但是，当他和奈玛与心理治疗师做咨询的时候，理查德透露道，他在欧文身上看到了小时候的自己。理查德从小就被父母和老师认定为"问题儿童"，他过去经常惹麻烦。他因为打其他孩子，被幼儿园老师送回家了好几次。他父亲会用羞辱的方式惩罚他，经常在公开场合脱下他的裤子，打他的屁股。这种情况持续了很多年。

孩子发脾气是一种正常、健康的现象。年幼的孩子在一岁前有一种无所不能的全能感，当他们发生转变、逐渐意识到自己相对无助的时候，就会出现这样的情况。但对于理查德来说，因为他有着那样的童年经历，所以失控的孩子在他看来就代表了恐惧和羞辱。他的自主神经系统认为欧文这种发展中的行为具有威胁性。这种解读源于理查德的童年早期。他没有试图理解为什么幼儿会发脾气并让它顺其自然，而是直接禁止欧文发脾气。幼儿的脾气代表了正常的挫折感，而理查德没有为欧文提供发泄这种情绪的出口。当面对发脾气的幼儿时，理查德的社交系统关闭了。奈玛的经历则与他的不同，但她家有 4 个孩子，孩子们的行为很少受到限制，这让她有一种普遍的情绪混乱的感觉，因此她也没有能力处理欧文爆发的情绪。她不知道如何为孩子设置有效的界限。也就是说，欧文孤立无援，没有成年人来帮助他处理自己的强烈情绪。理查德和奈玛需要让欧文成为一个典型的两岁小孩。他们都不愿面对这个发展阶段常见的、正常的混乱。

借助多层迷走神经理论和"静止脸"范式，我们可以想象这种情况是如何发生的。羞耻感、恐惧和疼痛的身体记忆触发了理查德的解离反应，这种解离反应可能不仅会通过他的行为表现出来，还会通过他面部的肌肉表达出来。在压力之下，调节这些肌肉的智能迷走神经失效了，原始迷走神经开始占据主导地位。在欧文感到最无助和失控的时候，理查德却面无表情。虽然他的人和欧文在一起，他的脸和声音却受到了原始神经反应的影响。这种反应是自动化的，不受他的意识控制。但欧文需要理查德看到他的挫败感，并为他的行为设置适当的界限。有时，家长需要接纳孩子的脾气。在不理解欧文合理感受的情况下，理查德就禁止他发脾气，这样就切断了欧文的交流方式，因为欧文还没有学会用语言来解释这些感受。欧文表现出的攻击性行为越来越多，这可能是他在试图用两岁孩子的方式和父亲交流。

长期缺乏父亲的帮助，可能让欧文对自己的强烈情绪缺乏安全感。理查德需要对儿子的行为形成威胁感较少的新意义，这样才能帮助儿子找到安全感。在一定程度上，这些新的意义可能会以文字和想法的形式出现。通过心理治疗，理查德可以谈论自己的童年，并理解自己的早年经历与他和欧文的问题之间有什么联系。

但要改变已经嵌入理查德身体里的（自主神经系统反应中的）意义，仅靠语言和思维是不够的。此时年仅两岁的欧文，也开始在他自己的自主神经系统中建构意义了，即他的混乱情绪是不好的。

当理查德与欧文一起参加亲子武术班时，他们学会了一种新的"语言"，通过这种语言，他们都能对自己的强烈情绪感到安全。在武术课程中，有一些编排好的动作，而这些动作体现了错位与修复的过程。按照这些编排动作活动身体，使他们找到了一种来向自己、向对方表示误解是不可避免的新方式。理查德学会了接纳欧文的脾气，而不是予以压制或否认。有了这种新方法，欧文发脾气的频率和强度都下降了。

理查德既能在心理治疗中将自己的经历用语言表达出来，又能在一个安全可控的环境中（武术班）参与身体搏斗。如此一来，他就可以有意识地对儿子的行为做出回应了。从那以后，当欧文用发脾气的方式表达自己的无助感时，理查德变得能够包容他的情绪了，这些信息都通过他丰富的面部表情传达给了儿子。

在此之前，理查德不允许他们的互动中出现混乱。即便如此，欧文和他父亲依然会反复出现错位的情况，而且没有机会进行修复。心理治疗和武术班对他们产生了有益的影响，理查德对欧文作为两岁孩子所特有的捣乱倾向也产生了新的包容，这样一来，他们就能修复大大小小的错位了。看到欧文与理查德的关系发生变化，以及欧文的积极的反应，奈玛意识到，给孩子设置界限可能是有益的，但同时她和理查德要给予欧文安慰和爱，这种界限才会更有效。随着所有家人的关系向好发展，家人之间的信任感日益增强，欧文也随之发展出了管理自己强烈情绪而不崩溃的能力。

先天与后天之舞

气质这个词，像是在刻画一种与生俱来的明确特质，比如眼睛的颜色。同样地，如"自闭症"这样的精神病学诊断，说的也是一种个人所固有的、静态的问题。但是，我们在下一章会深入探讨，一个人对世界所产生的安全感和威胁感并不是固定不变的。在人际关系中建构意义的时候，感知是可以转变的。

感觉加工特征的差异，是儿童影响错位 – 修复过程的一个例子。这些特征代表了社交系统的先天因素。生活经历则是后天因素。一个人将环境视为安全的还是不安全的，生活经历也有着同等重要的影响。先天或后天都不是唯一的决定性因素，两者之间有着复杂的交互作用，共同塑造了我们赋予自己的意义。

虽然孩子生来就具有某些特征，但父母也会为这个新角色带来一些经验，一旦父母与孩子相遇，儿童的因素与父母的因素就变得密不可分了。每个人的发展，都与他的人际互动紧密地交织在一起。比如说，自主神经系统的变异可能让孩子觉得许多感觉刺激都过于强烈，无法承受。为了自我保护，他的原始迷走神经可能会占据主导地位。我们都知道，被诊断患有自闭症的儿童的面部表情较少。因此，照顾他们的成年人在努力接近孩子时会感到痛苦，进而导致误解与隔阂的恶性循环。

在关系中发展自我调节能力

在我们介绍自己的工作时，曾有一位母亲分享了她在两个小儿子不听话时的自我调节技巧。在第二次或第三次要求孩子穿上鞋子未果之后，她就会用唱歌剧的形式把她的要求唱出来。她不仅做了一些有趣的事情来缓和紧张的气氛，还发现了独特的、安抚自主神经系统的神经练习。波格斯曾写道："唱歌需要缓慢地呼气，同时注意控制面部和头部的肌肉，这样才能发出声乐。缓慢地呼气能增强腹侧（智能）迷走神经通路对于心脏的影响，从而让自主神经系统平静下来。"[61] 她的两个儿子大感意外的同时停止了对抗，他们并没有陷入情绪崩溃，而是借助彼时的幽默情境与母亲建立了联结。这位聪明的母亲发现了安抚自己强烈情绪的方法，让她能够陪伴儿子，帮助他们管理自己的情绪。

我们回过头来再看看那个儿子拉扯母亲头发的视频，不难发现，母亲和婴儿都在这场互动中起到了重要的作用。起初，儿子因为感受到威胁而放弃了互动，而母亲意识到自己吓到了孩子，于是想要努力吸引他的注意。这就好像儿子对母亲摆出了一张缩小版的"静止脸"。经过片刻的错位，他们又看见了彼此，在快乐中重建了联结。

这段视频以及唱歌剧的母亲与孩子之间的互动，都例证了管理情绪和行为（通常被称为**自我调节**）的能力是如何在人际关系中得到发展的。与他人保持联结的能力，以及自我调节的能力，都来自一个相同的过程：无数次伴随着成长与改变的互动。我们将在下一章中探讨，意义、目标与意图的交流构成了一个相互调节的过程，而我们正是通过这个过程一同建构了新的意义。建构共同的意义，是我们最有效的神经练习。了解这一过程是如何在婴儿与照料者之间展开的，能为我们处理成年生活中的各种关系提供指引。

第 4 章

停 止 指 责

在音乐剧《伙伴们》（*Company*）中，斯蒂芬·桑德海姆（Stephen Sondheim）精彩地描绘了人际关系中的混乱。剧中的几对已婚夫妇在表达温暖和亲密的同时都表达出了深刻的冲突，但主角鲍比却仍然安全地置身于冲突之外。在音乐剧接近尾声的时候，鲍比终于明白他错过了什么。当他唱《活着》（*Being Alive*）的时候，他所歌颂的是，在混乱中活着才是真正地活着。当你接受自己永远不可能与另一个人完全合拍时，你就敞开了自己的心扉，能够真正接纳亲密。拥抱不可避免的混乱，接纳关系中的不协调即是互动的本质，为自己与他人的独处创造空间，这些能够让我们在这个世界上进行有意义的互动。

你只有拥有稳固的自我意识（能够自我调节），才能敞开心扉，与人建立亲密的关系。自我调节不同于自我控制，自我控制是一个相对冷漠的术语，蕴含着控制强烈情绪的意味。自我调节是指融入世界、体验所有的情绪而不崩溃的能力。当你失去了亲近的人时，你需要感到哀伤，拥有强烈的悲伤情绪，但又不失去正常生活的能力。同样地，愤怒也是亲密关系中的一个健康的部分，但如果你在愤怒之中完全失去了自我意识，完全不能为伴侣考虑，这也会成为一个问题。你也希望自己能够感受强烈的快乐，但不迷失方向。很明显，性就是一个这样的例子，当人们在独处时同样能感到深深的愉悦。完全沉浸在想象游戏中的孩子，或者坐在漆黑的剧院里观看动人心弦的演出的成年人，都能体验到极大的快乐，这种快乐是通过全身心地做自己而带来的。

自我意识是在父母和婴儿最早的亲密互动中产生的。但是，即使你最初的关系没能为你提供错位和修复的体验，没能帮你培养亲密和自我依赖的能力，你也始终可以学会建立关系的新方式。新的互动机会能改变你在这个世界上的自我意识。在电影《舞动人生》（*Alive and Kicking*）中，我们看到了一群看似迷失、孤独的人，但他们通过摇摆舞找到了自我。他们经常踩到对方的脚趾，为舞步而争吵，还克服了比赛失利的沮丧。他们一起跌跌撞撞，在这个新的社群中找到了乐趣，这就是相互调节和自我调节相结合的完美例证。跳舞的动作，以及音乐本身，可以帮助你的身体感到平静。你在这项活动中体验到的协调感，既来自你自己的动作，也来自你与搭档的互动。

在孩子玩耍的时候，如果父母能平静地陪在他们身边，就能帮助孩子学会依靠自我，也能帮助他们体验到亲密感。但在许多情况下，这种"黄金时间"是难得一见的。长时间忙于工作的父母，在一天结束时筋疲力尽地回到家中，而他们总是百思不得其解，为什么在他们准备晚饭的时候，孩子总会情绪崩溃。请看看萝拉和她母亲西蒙娜的故事。

在花费了一整天时间来处理反常的办公室事务后，西蒙娜回到了家中，而 3 岁的女儿萝拉却坚持要和妈妈一起玩一个想象游戏，这让西蒙娜已经疲惫不堪的大脑感到不堪重负。西蒙娜无法满足女儿的要求，女儿因此大哭大闹，让整个晚上都陷入了这种不快的氛围，此时的西蒙娜实在难以满足自己和女儿的各项需求。

起初，西蒙娜把萝拉在每天晚上发脾气的行为看作故意"给我的生活添麻烦"。如果西蒙娜没能立即理解萝拉想要什么，萝拉就会在客厅里把玩具弄得乱七八糟，坚持要求母亲陪自己玩。然后，西蒙娜就会大声呵斥萝拉，因为她还没有收拾好前一项活动留下的东西，就开始了另一项活动。她们对彼此既愤怒又沮丧，她们之间未经修复的错位不断积累，而双方都在用阻碍联结的方式去理解对方。

但是，当西蒙娜停下脚步，花时间去理解萝拉的行为时，她就明白女儿只是想念她了。她知道萝拉之所以情绪崩溃，也许只是因为她一整天都在努力保持平静，承受了许多压力。当母亲终于回到家中，但依然不能陪她玩的时候，这种失望让萝拉难以承受。

西蒙娜很好地适应了这种日常的困境。她发现，让萝拉坐在她腿上，和她一起给图画上色，是一个沟通感情的好机会。与此同时，这项活动能让她们两个人都平静下来，这样她们就能一起享受独处的时间了。

独处的能力

一年夏天，两个刚刚成年的孩子都和他们的另一半度假去了，克莱尔感到心中产生了一些变化，这种变化与她经历过的其他重要变化有所不同。她想起很久之前的一个早晨。黎明时分她就起床了，她坐在沙发上，喝着咖啡，看着在摇篮中熟睡的儿子埃兹拉，而三岁的女儿蕾切尔正在和她的洋娃娃玩着复杂的茶会游戏。三个人安安静静地待在一起。

在那个平静的童年场景与这个夏天之间，有着多年的平凡挣扎。她、丈夫贾里德与这两个孩子一起度过了许多艰难的时期，从玩耍约定被取消的失望，到被心仪的大学拒绝的沮丧，再到他们祖父去世时的悲伤，他们一起经历了许多酸甜苦辣。克莱尔知道未来的路还很长，但她依然让自己充分感受此刻的快乐。她知道那些困境、那些混乱，给了孩子们稳固的自我意识，让他们愿意敞开心扉，建立亲密的关系。

自在地独处以及愿意接受亲密关系，这两种能力是紧密相连的。独处的能力源于与他人的关系，而与他人建立亲密关系的能力，则根植于独处的能力。

我们当中的许多人备感压力，不仅觉得要在人际互动中达到完美的协调，还要在每时每刻都做好与人互动的准备。我们需要随时随地地陪孩子玩耍，或者随时准备好为陷入困境的朋友或伴侣提供建议。**"你来我往"**（serve and return）是儿童发展领域里常用的一个术语，它反映了情绪发展源于互动的理念。但在人生的网球比赛中，我们并不是每次都能做到"你来我往"，不是每次发球都能被接回来。为了让自己感觉安全自在，你需要一些空间来理清思绪，解决问题。

事实证明，这种能力是从婴儿期就开始发展了。在孩子刚刚出生的时候，克莱尔把他们抱在怀里，在最初的几周里，她全心全意地照顾他们。在接下来的几年里，她"没能"满足他们所有的需求，而是让孩子养成了自在独处的能力。她不需要时时刻刻都让孩子注意到自己，他们也能知道她就在身边。最终，她根本不需要陪在孩子身边，孩子也能有信心去闯荡世界。

在第 2 章中，我们讨论过温尼科特提出的"足够好的母亲"这个概念。鲜为人知但同等重要的是，温尼科特将独处的能力也看作一项成长的目标。[62] 他谈到过，在成年患者的心理治疗初期，沉默的时刻总是充满了恐惧或愤怒。但经过一段时间的精神分析治疗，患者会发展出一种新的、充满生机的自我意识，让他们能够自在地坐着，一言不发，而这种时刻会让人感到平静、安宁。此时患者与治疗师就能够单独相处了。

通过倾听患者的故事，温尼科特意识到，自在独处的能力来自早期的亲子关系。他谈到过一个悖论："独处的能力建立在与某个人单独相处的经历的基础之上，如果缺少这样的经历，独处的能力就无法发展。"他补充道："成熟和独处的能力意味着这个人在小时候得到过足够好的照料，让他可以在一个安全无虞的环境中建立一种信任感。"如第 2 章所述，孩子需要克服父母未能满足自己所有需求的经历，而这种"安全无虞的环境"能给孩子许多次这样的经历，使他们对自己和他人产生信任感。这样的互动会融入他们的人格，影响他们在这个世界上的存在方式，并且让他们在孤身一人的时候能够保持镇定。

"静止脸"范式：沟通让我们重建联结

在社交世界中管理自己的行为和情绪的能力，对一个人的健康和幸福是至关重要的。"静止脸"范式揭示了自我调节能力源于人际互动。亲密与自我依赖就像一枚硬币的正反面。正如我们的研究为"足够好的母亲"这个临床概念提供了证据，我们对母亲与婴儿的实验观察，也为温尼科特关于"独处能力的发展"的临床观察提供了证据。

在分析母婴一起玩耍然后进入"静止脸"阶段的录像时，我们观察到了一种差异。[63] 在那些呈现出典型"错位 – 修复"模式的母婴中，婴儿通常能够在面对无表情的面孔时进行自我调节。即使没有母亲帮助他们面对痛苦，这些小婴儿也能自己保持镇定。他们可以做出有条理的行为，向母亲发出信号：**回应我！**

还有些婴儿与母亲的互动则不属于这种典型情况，其主要特征是缺乏这种促进成长的错位与修复。之所以出现这种现象，要么是因为修复的时间过长，要么是因为缺乏修复的机会，比如与焦虑型、侵扰型的照料者相处就会有这种情况。当这些婴儿面对来自"静止脸"情境中的压力时，他们会试图自我安慰、弯腰弓背，而且他们的动作会显得很混乱。虽然自我安慰可能是适应性的行为，但对这些婴儿来说，自我调节似乎会消耗他们所有的能量，让他们无法与人建立联结。为了调节自己的情绪，他们不再理会外部世界。他们将注意力转向了内心，用尽了自身全部的能量来安抚自己。他们已经没有能量来重建联结了。

错位与修复的过程，既能发展婴儿的自我意识，也会让他对自己与照料者的关系产生信任感。从某种程度上讲，在暂时失去互动对象的时候，他是"孤独的"，但他依然可以保持镇定。他相信母亲会回来。他相信自己能坚持住，自己会没事的。但是，对于那些缺乏典型错位与修复经历的婴儿来说，他们的自我意识更为脆弱。没有互动对象的支持，他们很难保持心理一致感。他们的身体"知道"自己无法独自坚持下去。当母亲可以再次与他们互动的时候，许多这样的婴儿会完全陷入崩溃，或者继续依靠自我安慰和退缩。

这样的差异在所有年龄段都可能出现。婚姻治疗师兼作家苏·约翰逊（Sue Johnson）发现，"静止脸"范式与她围绕成年夫妇开展的临床研究有着密切的关系，因此她请我们帮助她做一次成年人的"静止脸"实验。[64] 我们之前讲过一项实验，在那项实验中，成年人扮演了婴儿和母亲的角色，而这次的实验不同。这次实验的视频里呈现的是一对成年夫妻的角色扮演。虽然志愿者就各自的角色接受了指导，但当他们开始角色扮演时，却自然而然地即兴发挥了。

在视频中，一名男子和一名女子面对面坐着，激烈地争执着。男人说："我不想去拜访你的亲戚。他们不喜欢我，甚至对我爱答不理的。"争执到一半的时候，男人突然不再说话，摆出一张缺乏表情与联结的脸。然后他转过身，低头看着地板，不停地眨眼睛，几乎要闭上眼睛了。就像最初的"静止脸"实验里的婴儿一样，他的伴侣崩溃了。女人的声音变得激动起来，她全身紧绷，朝向男人，她的动作变得既僵硬又慌乱。她急迫地试图用语言进行沟通，但在发现毫无效果后，她开始哭泣，而这番景象似乎让男人逐渐回过神来。男人看向她，脸上的表情恢复了，声音也变得更加温和。他对女人说："我能看出你很难过，这不是你的错。"男人解释道，她的家人总是问他工作的事情，这让他感觉很害怕。他告诉伴侣，他们能够继续交流对他很重要。女人抬起头看着男人，他们的眼神相遇了。在他们重建联结的时候，他们脸上的表情都变得更温柔了。

约翰逊在她的博客上写道：

> 无论是在母婴之间，还是在两个成年恋人之间，互

动之舞都是由相同的情绪构成的——相同的需求与动作。所有爱的关系都是联结与失去联结的舞蹈，是请求沟通的舞蹈。如果没有回应，就会变成抗议、逃避、情绪崩溃的舞蹈；如果我们处理得好，也会变成修复关系、重建联结的舞蹈。

约翰逊观察到，在日常生活中，恋人双方通常完全没有意识到自己摆出"静止脸"这一行为的影响。她写道：

> 在帮助恋人修复关系的研究中，我们发现，成年的恋人根本不知道，当他们完全拒绝沟通、拒对方于千里之外时，他们给了对方多少恐慌和痛苦。他们这样做，通常只是试图避免争吵，但实际上，这种隔阂会激化矛盾，促使对方不顾一切地试图让他们做出回应——这种努力通常是消极的。

意识到这个过程，并注意到自己和伴侣摆出"静止脸"这一行为以及这种行为所引发的反应，有助于让问题重重的关系走上治愈之路。当你陷入自己的痛苦中时，你就无法与对方产生联结，并可能在无意中给伴侣一张"静止脸"，从而引发难以领会的暗示与误解的恶性循环。在这样的时刻，你需要停下来、深呼吸，设法让自己平静下来，清晰地思考。如果能站在别人的角度看问题，你就能找到方法来修复关系、重建联结。

童年早期经历与自我意识

在阿米尔上小学的时候，他父母的婚姻开始破裂。母亲一句看似无伤大雅的话都可能让父亲大发雷霆。父亲会说一些尖刻、贬损的话，然后气冲冲地离开房间。在发生冲突的时候，虽然母亲与儿子待在一起，但她在情感上却很疏远。父母的突然缺席让阿米尔怅然若失，对他来说，这个世界似乎也不再有意义了。他与父母双方不再有错位－修复的经历，取而代之的是长期的错位，但没有修复。父母的这些争吵通常发生在晚上，而在第二天早上，当阿米尔准备去上学的时候，他父母似乎一切都好，一切好像又恢复了正常。阿米尔会感到一种不确定的、暂时的平静。

最后，阿米尔的父母离婚了，他终于不用再为不可预测的、可怕的冲突惴惴不安了。他渐渐适应了父母离婚后的生活。他上了大学，找了份好工作，然后结婚了。一天晚上，在紧张的工作结束以后，阿米尔正在讲一件很重要的事情，而他的丈夫里昂却在心不在焉地翻看邮件。阿米尔心中充满了无法解释的愤怒，他怒气冲冲地拉开门、跑了出去，然后重重地关上了门。其他无意间的互动错位也会产生类似的效果，导致阿米尔做出夸张的反应。

在阿米尔小时候，他在关系中即时建构意义的机会遭到了反复地剥夺，这导致他多次丧失自我意识。在他醒着躺在床上听父母争吵的时候，他反复地、长时间地体验了缺乏修复的错位，他的大脑和身体里充满了应激激素皮质醇，他身体的应激反应也因此产生了变化。他伴侣的心不在焉唤起了他失落的感受，就像他父母沉浸在自身的痛苦中、与他失去联结的时候一样。对里昂做出的反应，不在阿米尔的意识思维的控制之下，而来自他的身体。

虽然阿米尔莫名其妙的出走对当晚的冲突并没有什么帮助，但他多年来都是通过身体活动来让自己平静下来的，他知道要与伴侣重建联结，他就必须活动起来。不出所料，当他走到街区的边缘时，他感到心跳变慢了，呼吸也变得有规律了。他知道，他这样做避免了在破坏性的争吵中失去对彼此的爱。当他再次平静下来，能够找到自己身体感受的时候，他就可以回家和里昂谈谈发脾气的事情了。

与阿米尔的父母不同，里昂对这种错位做出了回应，并没有听之任之，不予修复，但里昂也知道不能立即解决问题。他可以等待，给伴侣足够的时间和空间平静下来。他明白这种愤怒不是冲着他来的。这并不是说里昂不为阿米尔的过激反应而感到恼火。他播放了一张自己最喜欢的专辑，沉浸在音乐中，以此来调节自己的情绪。当阿米尔回家之后，里昂听了他的话，接受了他的道歉。里昂也承认，当阿米尔在分享自己当天重要的事情时，他本可以多关心一下阿米尔的感受。他们一起修复了关系中的错位。

在街区里行走，让阿米尔得以真切地体会自己的身体感觉。在这段特别的关系中，阿米尔可以克服那些不可避免的波折。随着他的自我意识逐渐发展与稳固，他与里昂的关系也加深了。里昂相信阿米尔会回来、重建联结，他可以等待；而阿米尔也可以放下自己的恐惧。

　　阿米尔和里昂之间的这一幕，可能会有许多不同的表现形式。比如，里昂过去与阿米尔经历过多次类似的事件，他可以在阿米尔生气时分享自己的想法，说他理解阿米尔这种源于童年经历的反应。这样的回应可能会帮助阿米尔平静下来，也许这样他就不会冲出家门了。同样可能发生的是，阿米尔已经对那天的事情很恼火了，而里昂在此时给出的解释反而会使事情变得更糟。此时两人就需要等各自恢复平静以后，再找另一种方式来重建联结。事实上，这两种方式可能都和实际发生的情况一样好。最关键的因素是，他们停下来，给对方留出空间，让彼此找到让自己冷静下来的方法，然后他们就能帮助对方平静下来了。这就是建立牢固关系的过程，这个过程最早始于我们婴儿时期的互动。

　　在从错位到修复的过程中，并不存在固定的行进轨迹。有时仅仅做几次深呼吸就能创造足够的空间和时间，让彼此倾听对方的心声。走路和听音乐是众多可以利用的自我调节策略中的两种。一旦你能够自我调节，你就能更好地倾听。

意义建构：合作与孤立

　　教育家、儿童发展研究者J. 罗纳德·拉利（J. Ronald Lally）用**"社会子宫"**（social womb）一词形容新生儿出生后

在社会互动的环境中继续成长和发展的过程。[65] 虽然新生儿非常
无助，完全依赖照料者，但他们能够参与复杂的社会互动，这种
能力是其他生物所没有的。在出生的几个小时之后，婴儿的脸就
会朝向人声，眼神就会跟随人脸，如果他们想要玩耍，或者感到
不堪重负，想要在温暖的襁褓中休息，他们就会用肢体动作发出
信号。

从一开始，婴儿的生存同时依赖于照料者对其生理需求和情
绪信号的回应。温尼科特所说的**"抱持的环境"**就很好地表达了
这一理念。照料者包容、调控婴儿痛苦情绪的能力，能帮助他们
理解并学着调节自己的体验。调控并不意味着控制或消除情绪；
相反，它指的是照料者有能力让婴儿拥有强烈的情绪，而不陷入
崩溃。尽管抱着婴儿似乎只是一种简单的身体行为，但对于婴儿
来说，照料者的情感陪伴才是最重要的。《把孩子放在心上》一
书描述了一个炎热而阳光明媚的午后湖边的场景 [66]，这个场景捕
捉到了"抱持"在身体、情感层面的积极特性：

> 一位母亲试图给年幼的婴儿戴上一顶帽子。孩子显
> 然很不乐意。在母亲给他戴上帽子，系好下巴上的绳子
> 时，他的反抗越来越激烈，最后开始大声尖叫起来。她
> 咕咕地叫着，诉说着他的痛苦，但她的声音里有一种舒
> 缓的语调。母亲用平静的方式和他交流，她知道他心烦
> 意乱，但相信他有能力克服一天中的小波折。

这种简单的互动很好地体现了"抱持的环境"这一理念，在

这样的环境里，婴儿能学会调节自己的情绪。这位母亲在照料孩子的同时，也认可了孩子的情绪体验，从而帮助他调节了看似难以控制的情绪。在一次"静止脸"实验中，我们发现，当一个婴儿被固定在安全座椅上时，他的母亲会把手放在婴儿的臀部上方，从而减轻了婴儿的压力和消极情绪。

我们每个人都需要一个互动的伙伴，来帮助我们在这个世界上形成自我意识，调节自我。如果你无法理解某个情境，你的自我意识就会受到威胁。你的生存取决于与他人共同建构的意义。[67] 在你的一生中，如果你能带着普遍的幸福感和能动性去面对新情境，这就说明你在早期关系中有着无数次修复错位的经历。

在我们的一个母婴互动录像中，我们观察到了一个很早的、共同建构意义的例子。一个 6 个月大的孩子正在努力去抓一个够不着的玩具。当他失败的时候，他会变得愤怒而沮丧。他看向别处，吮吸大拇指。冷静了一会儿之后，他再次伸手去拿玩具，但还是失败了，他又变得很沮丧。他母亲看了他一会儿，脸上带着中立但很专注的神情，然后用安抚的声音和他说话。婴儿平静下来了，并且露出了完全专注于那个玩具的表情，再次伸手去拿玩具。母亲这回率先把玩具放在婴儿够得着的地方，然后婴儿成功地拿到了玩具，把玩了一会儿，露出了微笑：**我成功了！**

这位母亲并没有简单地把玩具递给孩子。她注意并支持了孩子的情绪体验，并帮助他把消极的情绪转变成了积极的情绪。这种互动中有一个重要的方面，即婴儿会自己做出一系列的行为

来让自己平静下来。他并没有完全依赖母亲。这种自我调节的
基本能力，来自早期关系中每一个相互调节的时刻。这个孩子和
母亲一起发现了一些事情：他不仅可以感到难过而不崩溃，而
且如果他能振作起来，就可以从他人那里得到帮助，从而达成
目标。

那些觉得世界安全可控的孩子，既能通过自己的经历，也能
通过与陌生人的关系逐渐发现新的意义。这些意义能给予他们能
量，让他们带着希望和好奇心去探索更多的新体验。在这种情
况下，自我调节和互动性调节就处于平衡状态。你可以在与另
一个人的互动中调节自己的行为和情绪，而那个人的行为和情绪
则会不断地影响你。我们将这个过程称为 **"相互调节"**（mutual
regulation）。如果我们主要依靠自我调节（我们在第 8 章会深
入探讨这种情况），就会在未来遇到许多困难。我们观察到，在
抑郁母亲的婴儿身上存在一种模式，即过度的自我调节取代了与
他人互动中的调节。这些婴儿只关注自我安慰和自我导向的调节
行为。他们会转过身去，全身摇晃，或者吮吸手指。如果他们不
能从照料者那里得到足够的支持，他们就会转而依靠自己。同样
地，他们的母亲也会用无精打采地坐着和避免目光接触等方式来
调节自己，就好像退缩到自己的内心世界里去了一样。她们很少
与婴儿进行互动性调节。在这种情况下，婴儿与母亲不能相互调
节，只能以一种异常的模式相互影响。双方都不再克服关系中的
冲突。他们都把自己封闭了起来。

为什么调节很重要

自我调节从出生就开始了，并且在孩子学习用语言来表达情绪的过程中不断发展。对于学龄前儿童和学龄儿童来说，除了情绪调节、身体调节以外，自我调节还包括**执行功能**（executive function）——这是一个涵盖范围很广的术语，指的是注意、灵活思考和控制冲动的能力，这些能力对于学习和社会互动是至关重要的。自我调节不是一个人有或没有的特质，它是在个人的发展过程中逐渐显现的一种能力。

我们已经知道，自我调节并非完全是从个人的内部发展出来的。这种能力是在与他人互动中产生的。我们实验室目前所做的研究，让我们得以仔细观察共同调节的过程。这项研究还在进行中，我们打算对早产儿的父母和患抑郁症的父母做与上文类似的实验。许多有关压力的研究都涉及多种风险因素，所以我们很难确定特定压力对关系的影响。在这些实验中，我们的假设是，独立于其他因素的压力会影响母亲，进而影响她与婴儿的互动。

在实验中，我们把母婴分为两组。[68] 在每一组中，母亲都会先与孩子面对面地玩耍。然后，让一些母亲听几个婴儿的哭声录音（不是她们的孩子），让另一些母亲听一个婴儿的咿呀声（也不是她们的孩子），录音播放两分钟。与此同时，研究助理会和实验中的母亲的孩子一起玩耍。婴儿没有听到录音，也不会看到母亲听录音。然后，母亲会再次和自己的孩子一起玩耍。

我们分析了母亲第二次与婴儿玩耍的录像，着重观察消极情绪。我们发现，与那些听过咿呀声的母亲的孩子相比，听过哭声录音的母亲的孩子更容易表现出痛苦的情绪。令人惊讶的是，当我们分析母亲的面部表情、声音、触摸和与婴儿的距离时，并没有发现两组母亲的行为有什么不同。但婴儿似乎觉察到了母亲的不安，而且这种不安影响了他们的行为，但作为研究者，我们无法看到或听到母亲发出的这种信号。由此可见，婴儿比我们的编码系统还要敏感！

换言之，婴儿与母亲的行为是紧密相连的。在这个共同调节的过程里，婴儿的情绪影响了母亲，母亲的情绪也影响了婴儿。在实验中，母亲听到的哭声不是自己孩子的，但我们可以想象，听到自己孩子的哭声所带来的压力会大得多。如果我们想要改变有问题的互动模式，我们就需要审视关系本身。如果互动从相互调节转变为消极的相互影响，那这种问题就不单是父母的错，也不单是孩子的错。

3岁的卢克语言能力很强，而且每件事都逃不过他的眼睛。如果客厅里的吸尘器打开了，他就会停止玩耍，问道："那是什么？"如果有一辆卡车经过，他就会停下正在做的事情，跑到窗边看一看，然后对卡车的特点发表一番评论。当他在家和父母玩耍时，这种行为让每个人都觉得颇为有趣。但在父母把卢克送进幼儿园的时候，他就遇到了困难。他经常情绪崩溃。有一天，正当孩子们做完一项活动，开始另一项活动的时候（这是上午最吵闹、最混乱的时候），卢克却逃到门外去了。吓坏了的老师抓住卢克，出于恐惧，老师大声地训斥了他，而强烈的感官刺激让卢克痛苦难忍。他尖叫着倒在地上，试图踢老师的胸口。卢克母亲卡莉不得不来幼儿园把他接回家。一开始，卡莉感到既震惊又尴尬，严厉地训斥了卢克。"你为什么要这样做？"当他们回到家时，卡莉质问道。她尖锐的声音里传达出了愤怒。当然，卢克不知道自己为什么会这样做。卢克的父亲唐让他一个人回房间去，什么问题都没问。

对卡莉来说，这件事情勾起了童年时父亲辱骂她的回忆。考虑到卡莉过去的经历，卢克真是惹怒她的高手。随着唐和卡莉的愤怒和严厉管教让问题愈演愈烈，他们也开始相互指责，吵得不可开交。在幼儿园里，卢克也变得越来越冲动，在小朋友围坐成一圈的时候，他不愿意坐下，而是在教室里跑来跑去。卢克和父母也陷入了无法修复的错位互动。

上幼儿园的六个月后，一位老师提出卢克可能患有注意缺陷多动障碍。大家建议唐和卡莉立即采取行动。一位专门研究幼儿行为问题的朋友建议他们去看专业的心理治疗师。在治疗师的帮助下，这对夫妇仔细研究了导致卢克行为的原因，并发现他敏感的感官是冲动和注意力不集中的根本原因。但是，严厉的训斥和婚姻冲突也起到了重要的作用。研究证据表明，与冲动和注意力不集中的行为相关的基因可能只会在充满压力、冲突得不到解决的情境中表现出来。[69] 在压力相对较小、没有冲突的情境中，这些基因就不会被激活。

　　唐和卡莉都很担心他们的儿子。从前，只要他们开始谈论卢克，他们的焦虑就会升级，在不知不觉间，他们就开始对彼此大喊大叫了。现在他们对卢克行为的意义有了新的认识，想了一些方法来安抚彼此焦躁的情绪，并向彼此保证卢克会没事的。卡莉尤其需要注意卢克是如何激怒她的。她要把丈夫看作盟友而不是对手，这样她才能欣然接受丈夫的建议，由他来处理那些让卡莉尤其生气的情况。卡莉和唐停止了相互指责的恶性循环，他们能够花时间停下来深呼吸，倾听彼此。自从唐和卡莉能够理解卢克对于世界的独特感受之后，他们也变得更加宽容了。由于父母的反应变得不那么强烈了，卢克也不再那么冲动了。这些变化为卢克创造了一个更适合其敏感感官的家庭氛围。

　　为了进一步支持卢克在家的健康成长，唐和卡莉逐渐认识到了他的敏感的价值，也认识到了他的艺术创造力和他理解他人情绪状态的能力。他们在卢克的身上看到了共情的潜力。他们和老师一同合作，设法应对可能让卢克在教室里情绪崩溃的情况。治疗师也提供了一些应对策略，比如到大厅里散步可以帮助卢克在面对强烈感官刺激时保持平静。随着卢克逐渐学会控制自己强烈的情绪反应，他的自我意识也发生了改变。

　　卢克的捣乱行为既不是他的错，也不是父母的错。他们都以某种方式影响了彼此，这不仅加剧了卢克难以集中注意力的问题，也加重了卢克父母的自我调节的负担。

为什么指责是没有意义的

无论我们为一组特定的行为贴上何种标签，也不管它们最初的原因是什么，我们从"静止脸"研究中所得出的推论是，互动的质量会影响所有关系中的所有行为。对于注意力不集中、多动，或者这两种问题都有的孩子来说，他们的行为、他们与父母之间的关系，以及父母的行为都会影响孩子。每一刻的互动都会影响接下来的事情。无论我们处于哪个人生阶段，同样的道理也适用于所有关系中的所有行为。

调节注意力的能力很早就发展起来了。以换尿布为例，这是一件看似平常的事情，每天都会在婴儿身上发生好几次。许多父母都会用一种很自然的语气为孩子讲述这件事。"凉水擦屁屁啦！"一位母亲会用这种安抚的语气来提醒婴儿。"我要去另一张桌子那儿拿护臀膏。"一位父亲会这样解释，以便当他离开孩子的视线时，给孩子一种持续陪伴的感觉。这样一来，这些典型的错位（如凉湿巾的擦拭和父亲的短暂消失）就能迅速被修复。但是，如果照料者专注于其他的事情，比如其他的孩子、疲劳或抑郁，就可能无法通过互动来吸引孩子的注意力。当然，在换尿布这样的日常任务中，我们陪伴孩子的能力可能会时好时坏。但是，如果照料者在多数情况下都心不在焉、心事重重，婴儿的专注能力可能就会受到影响。

我们在英国雷丁大学的同事琳内·默里（Lynne Murray）和彼得·库珀（Peter Cooper）研究了产后抑郁对儿童发展的长

期影响。[70] 他们的研究表明，一旦婴儿开始关注身边的世界，面对面互动的质量就会影响注意力的发展。当然，不同的婴儿在出生时的活动水平和注意力质量有很大的差异，但这些差异并不能预测发展的进程；反而是亲子互动的质量更能够预测婴儿在更广阔的社交世界中的专注能力和信息加工的能力。患有抑郁症的父母通常很难持续进行面对面的互动，也很难陪孩子玩耍，他们的孩子在婴儿期后期更有可能出现行为问题。共同调节的失败影响了婴儿的情绪状态和注意力。

父母生活中的问题可能会让他们难以用孩子需要的方式去回应孩子，尽管这不是父母的错，但他们有责任去处理这些问题，至少要够清晰地思考孩子的问题。内疚是为人父母自然会有的情绪。但"我很内疚"也意味着"我有责任"。如果我们把"**错误**"这个词替换为"**责任**"，那会发生什么？当我们担负起责任的时候，我们就会感到更有力量。当关系出现问题的时候，无论是亲子关系、恋爱关系、同事关系、手足关系还是朋友关系，我们都需要认识到，每个人在这种关系中都有自己的角色，不能推卸责任。为了在我们各自的角色中做得更好，我们可能需要寻求并接受帮助（我们将在第 9 章中探讨，帮助的形式可能是多种多样的）。

关系是问题的核心

有一位明智的同事曾提出，我们不能在不考虑光照、空间、土壤和水的情况下，就去治疗一株难以生长的植物。环境对于

植物的健康是至关重要的。获得普利策奖的小说《上层林冠》[71]
(*The Overstory*) 提到过，大量的研究表明，即便是树木之间也有
关系。树木可以相互交流，这在很大程度上促进了它们的生长。
在《纽约时报》中，近期一篇题为"怎样做一株植物的父母"[72]
(How to Become a Plant Parent) 的文章也谈到了这一点。这
篇文章的作者讲述了你第一次带植物回家时的适应过程。作者建
议根据植物的生长情况来浇水和移植，这让人联想起了错位－修
复的过程。"专家说，准备一个比之前大一号的花盆即可"，所以
如果你的植物之前栽在 8 英寸⊖的花盆里，就把它移植到 10 英寸
的花盆里。作者还写道："太大的花盆可能会让你多浇水，这对
植物的健康不利。"她甚至还发现了不可避免的错位。她写道："在
成功照料植物的道路上，最大的障碍就是过度浇水。是的，你会
遇到这种情况的。"

　　有一位朋友承认，她连像样的花园都种不出来。她说道："光
是养我自己的孩子，就耗尽了我所有的精力。"与养植物类似，
养育孩子的过程取决于每个孩子的特点以及"环境"因素——孩
子的成长环境主要是由关系组成的，而不是阳光和水。

　　错位－修复的过程为我们提供了能量，让关系得到滋养和
成长。虽然我们最早的关系为自我意识奠定了基础，但我们与父
母、兄弟姐妹、朋友、同事、恋人等的各种关系会不断地塑造我
们的自我意识。在每一次的交流中，我们都改变了彼此。

⊖　1 英寸 =2.54 厘米。——译者注

人们常常会因为生活中的问题责备自己，或者责备他人。通过"静止脸"研究，我们得知，在不断找寻自己在这个世界上的意义时，指责往往毫无益处和意义。如果你发现自己陷入了未经修复的错位模式里，你可能需要做一次深呼吸，然后问自己一个简单的问题：对方有没有可能是对的？

在这一章中，我们探讨了微观的、每时每刻的日常错位与修复如何帮助我们培养自我调节和亲密的能力。在下一章里，我们会说明这个从"静止脸"实验中得出的理论模型可以怎样帮助我们理解生活中的重大波折。这些错位与修复会给你的日常生活带来压力，而你管理这些压力的方式，会为你管理重大压力的能力打下基础。如果你能学着相信自己终将渡过难关，你就会带着希望与能动性去面对困难。相反，如果你缺乏错位与修复的互动机会，那么为了让自己保持平静，你就可能过度依赖自我安慰，将注意力转向内心，远离社会联结。在面临危机的时候，你就可能会崩溃。

第 5 章

在错位 – 修复中发展复原力

　　我们通常把复原力看作一种克服重大困难的能力，我们常把这种困难称作"逆境"。房屋被龙卷风摧毁、性侵、严重的事故，这些都是影响深远的一次性事件（希望如此）。面对相同的逆境，为什么有人能够克服并走出创伤经历，但另一个人的生活却可能被创伤弄得一团糟？下面 2 个丧偶的女人的故事，就体现了这种差异。

　　在卡罗尔 70 岁时，她的丈夫艾伦突然因中风去世，她只能独自生活。她为艾伦的离世悲痛万分，有时她会在夜里醒来，然后惊恐地想起艾伦已经离去了。白天，她让自己忙起来，投身于各种有意义的活动，但午夜的宁静会让她再度体验痛苦情绪。她抱着枕头哭泣，让自己感受这种深深的丧亲之痛。她允许自己沉浸在哀伤的情绪里，这样一来，她便能够充分地哀悼去世的丈夫。这个过程释放出了能量，让她得以开始新的生活。她四处旅行，在当地的一所大学里上课并结识了新的朋友。

就在卡罗尔的丈夫病逝后不久，她的朋友邦妮也丧偶了。邦妮和卡罗尔一样，也有过一段多年的稳定婚姻。但与卡罗尔不同的是，邦妮的生活状况似乎急转直下，因为她陷入了深深的抑郁之中。她无法承受哀痛丈夫丹的离世与开始新生活所带来的剧变。丹死后，她一直生活在淡淡的绝望之中，从没有充分地为他哀悼。她焦躁易怒，常对朋友发脾气，所以她无法在友谊中找到安慰。她担心，如果让自己全然地体验失去丹的痛苦，她就会崩溃，于是她遵循着严格的日常安排，待在家里，拒绝亲人和朋友的邀请，试图保存她脆弱的心理一致感。

我们认为卡罗尔是有复原力的，而邦妮在面对相似的逆境时则举步维艰。卡罗尔之所以有复原力，部分原因在于她知道自己不会一直这样悲伤下去。这种信心是随着时间的推移而不断发展形成的，在最初的悲伤中，她肯定没有意识到这种信心。但当她开始疗愈的时候，这种信心在情绪上和身体上都支持了她。这种对未来充满希望的感觉，来自她的无意识，来自她这一生与他人建立的牢固而健康的关系，这些关系从她很小的时候就已经开始了。但邦妮缺乏这样的信心。她和丹都来自有缺陷的家庭。他们在彼此的婚姻中找到了一种舒适的平衡，但在更广阔的社交世界中，他们会回避情感投入。他们没有孩子，完全依赖彼此的支持。现在邦妮孤身一人，她不知所措，不知道该如何生活下去。

复原力根植于关系的发展之中

复原力既不是与生俱来的特质，也不是你在面对灾难时习得的能力。相反，当你和你爱的人在关系中克服不可避免的、数不胜数的错位时，复原力就会发展，而那些错位从婴儿早期就开始了。我们用**"平常的"**或**"日常的"**复原力 [73] 一词来描述这个发展过程。随着时间的推移，复原力是在无数个平常的瞬间里凝结在你身上的。

当你在复杂的社会环境中生存下来，成功地克服了每时每刻的微小压力时，你就会形成一种深入内心的感觉，即无论困难大小，你都能予以克服，达到更有力量、更有见地的境界。当你意识到自己有能力应对那些错位的时候，复原力就会出现。复原力就像一块肌肉，在你修复错位的过程中成长，这种成长从你最早的关系开始并持续终身。

这种微小的错位从婴儿期就出现了，可能会表现为母亲迷人的目光与婴儿低垂的目光的相遇，或者父亲的大声叫喊引发婴儿的惊吓反应和哭泣。在母婴目光相遇，露出温暖的微笑，或者父亲轻声细语，抱着孩子轻轻摇晃时，错位就得到了修复。如果事情进展顺利，错位的程度和修复的难度，与孩子不断发展的自我调节能力是相匹配的。

一位哺乳期的母亲在喂奶时可能会因为电话而分心，把哭闹的婴儿留在摇篮里，但她之后还会回来。她会轻声和婴儿说话，然后继续喂奶。如果婴儿经受住了等待的压力，他就会变得更加成熟，自我调节能力也会提升。一个学步期的幼儿在对父母大发脾气之后，如果父母依然能保持情感陪伴，没有试图阻止孩子的情绪崩溃，那么孩子就会对自己处理强烈情绪而不崩溃的能力产生信心。一个学龄前期的儿童迎来了刚刚出生的小弟弟，他们的父母支持他们置身于愤怒和丧失的混乱情绪之中，同时，为他们的行为设置界限。在经受了这种混乱的考验之后，孩子管理强烈情绪的能力会提高，对同胞的爱也会增长。学龄期儿童在学习如何处理日益复杂的社会关系，而他们的父母可以给他们提供指引和支持。父母不要打电话给孩子朋友的母亲，抱怨孩子们一时的不和，而是要鼓励孩子，并为他提供空间，让他自己试着解决关系中的问题。当青少年经历分离和自我发现的剧变时，这种关系的破坏程度也会相应地加剧。这个阶段类似于学步期，如果父母在设置界限的同时保持冷静和在场，他们就能帮助愤怒的青少年完成从青少年到成年的复杂过渡。

精神分析师埃里克·埃里克森[74]（Erik Erikson）在他的发展模型中提出了人类的 8 个发展阶段。每个阶段的主要特点，是某个可能性谱系的两极之间的对比。比如说，他把幼儿期描述为"自主对羞怯和怀疑"。根据埃里克森所提出的对立理论，当卡罗尔和邦妮丧偶时，她们所处的发展阶段是"自我整合对失望"。当她们到七十多岁的时候，两人都有自己独特的生活方式，这是她们毕生经历的结果。但是，为什么这些经历会让一个人充满希望、具有复原力，而让另一人充满无助甚至绝望？

从积极压力到有毒的压力

哈佛大学儿童发展中心（Center on the Developing Child at Harvard University）的研究者在儿科医生杰克·尚科夫（Jack Shonkoff）的带领下，提出了一个理解儿童生活中各项压力的理论框架。[75] 在这个框架中，所谓的**积极压力**（positive stress）是指伴随着短暂的心率变快和应激激素升高的日常压力。**可以忍受的压力**（tolerable stress）则是严重的、暂时的应激反应，支持性的关系能为这种压力提供缓冲作用。**有毒的压力**（toxic stress）是指"在缺乏安全可靠的照料关系的情况下，应激反应系统的长时间激活"。

虽然这一套术语已经得到了很多关注，但我们更喜欢用另一套术语来描述孩子的各种体验：**好压力**（good stress）、**坏压力**（bad stress）、**有害的压力**（ugly stress）。**好压力**出现在典型的日常互动中，就是我们在互动录像中看到的即时的错位与修复。**坏压力**是在"静止脸"实验中，照料者突然毫无缘由地缺位所代表的压力。在一对健康母婴的原型实验中，婴儿过去曾有很多克服微小压力的经历，很容易克服"修复"阶段中的坏压力。如果婴儿不断地失去修复的机会，比如经常处在情感被忽视的情况下，就会产生**有害的压力**，这样的婴儿就无法处理任何重大压力事件。婴儿对经历的解读决定了压力水平的高低。

坏压力是可以忍受的，这恰恰是因为积极的、好压力的存在。如果婴儿多次体验过积极的压力，并且随后通过互动获得了修复，那他就准备好应对生活中的重大挫折所带来的可承受的压力了。在发展的过程中，好的亲子关系之所以是安全可靠的，是因为婴儿对这段关系产生了信任感，他相信自己能与照料者一同经历错位和修复的过程。

如果儿童在成长的过程中缺乏错位与修复的经历，就不利于其应对机制的发展，这种应对机制能够调节一个人的生理、行为和情绪反应。我们用**"调节性支持"**（regulatory scaffolding）这个术语来描述复原力发展的过程：短暂、迅速的错位产生了微小的压力，在对压力的互动性修复过程中，复原力就产生了。照料者提供"足够好"的支持，就能给予孩子战胜挑战的体验，既要确保修复的时间不会太长，也要确保双方的距离不要太近，以至于没有修复的空间。

童年早期经历如何影响我们

有关"童年期不良经历"（Adverse Childhood Experiences，ACE）的研究[76]始于 1995 年，是美国疾病控制与预防中心和凯萨医疗集团（Kaiser Permanente）的合作项目。凯萨医疗集团是总部位于加利福尼亚州的大型健康维护组织[⊖]，该组织最初致力于探究肥胖症的起因。在"童年期不良经历"研究中，医生

⊖ 健康维护组织（Health Maintenance Organization，HMO）是指一种在收取固定预付费用后，为特定地区主动参保人群提供全面医疗服务的体系。——译者注

惊讶地发现，成人肥胖症的最大预测因素之一，就是童年性虐待史。长达几十年的后续研究考察了一系列相对常见的童年期不良经历，包括父母的精神疾病、婚姻冲突与离婚、物质滥用，以及一些更丑恶的压力源，比如情感上与身体上的忽视、家庭暴力、父母服刑、身体虐待和性虐待。

流行病学研究（也就是着眼于整体人群而非个体的研究）发现，童年期不良经历的数量与许多长期不良后果之间存在关联。这些不良后果包括身体健康问题，如糖尿病、心脏病和哮喘，以及许多社会情绪健康问题，例如抑郁和酗酒。这些研究证明了健康状况恶化与可能存在的原因之间的联系，但没有确定具体问题的具体成因。这个问题依然存在：早期经历影响我们的心理、身体和大脑健康的机制是什么？童年期不良经历是如何导致长期健康问题的？

我们的研究以及"童年期不良经历"研究都表明，我们可以把所有的童年期不良经历理解为一种破坏性因素，这些经历破坏了互动性调节的缓冲作用。童年期不良经历代表了关系上的匮乏，代表了一个人缺乏体验修复的机会。

正如我们在前一章所见，感受强烈情绪而不崩溃的能力，以及与他人建立亲密关系的能力，都来自你最初的关系，来自每次互动中的共同调节。那些关系既能保护你免受不良经历的影响，也可以放大它们的消极影响。然后，你会带着那种存在方式迈向未来。这些经历会改变你的大脑和身体，塑造你在所有关系里的互动模式，包括朋友关系、师生关系、手足关系和恋爱关系。如果类似的互动模式出现在后来的关系中，早期经历的影响就可能会被进一步放大。虽然当年的不良经历已经不复存在，但只要你处于压力之下，你的自我调节能力就可能因早期的破坏性因素而减弱。

人际关系对不良经历的缓冲作用，会受到个人或环境中的风险因素的影响。我们可以把这里所说的"风险"看作某种消耗你能量的东西。比如，贫穷就是一种环境风险因素。贫穷的经历会消耗照料者的能量，让他们更加难以帮助孩子缓解压力。风险因素也可能来自孩子。比如说，一个生来就对声音有强烈反应的孩子（例如我们在第 3 章看到的亨利）可能会哭得更多，比没有这种敏感性的孩子更难安抚。照料一个痛苦的婴儿，比照料熟睡或安静的婴儿所需要的精力多得多。在出生后的几周或几个月里，孩子的大脑发育最为迅速，此时任何对照料者的相互调节能力产生消极影响的事情，都可能影响孩子复原力的发展。

一般而言，亲子之间的相互调节会不断发展，并且通常都是成功的，虽然会出现一些不可避免的错位，但都能迅速得到修复。在这种情况下，照料者既能帮助孩子面对他们没有能力处理的破坏性事件，缓解这些事件所造成的影响，也能缓解照料者自身的局限所造成的不良影响。然而，由于外部事件（如贫困或社区暴力）或内部情况（如抑郁和焦虑）的影响，有些照料者的自我调节能力受到了限制，他们不仅不能缓解孩子的压力，还会将破坏性的压力传递给婴儿。换句话说，一个心烦意乱的成年人无法安抚一个心烦意乱的孩子，反而会惹恼一个平静的孩子。随着时间的推移，修复错位与缓解压力的经历会不断积累，促使婴儿自身的应对能力和复原力不断向前发展，但长期修复失败的经历会耗竭婴儿的资源，导致无助感和脆弱感。

关系对逆境的缓冲作用

丽贝卡的妹妹莉萨对阿片类药物上瘾，对这种药物的强烈需求让她难以照顾襁褓中的儿子伊恩。伊恩常常独自坐在婴儿围栏里，好几个小时都无人看管。莉萨总是莫名其妙地大发脾气。丽贝卡多次试图让妹妹接受治疗、戒瘾，但都没能成功。这种药物最终还是拖垮了莉萨一家。当伊恩进入幼儿期时，他有了一些正常幼儿的行为，比如不愿意穿鞋子，而莉萨却无法在破坏性的成瘾障碍中控制自己的情绪，她有时会打伊恩的脸。有一天，当伊恩去上幼儿园的时候，脸上有一块淤青。老师给儿童保护机构打了电话，而丽贝卡和丈夫保罗在当时没有孩子，他们提出收留侄子。莉萨似乎在成瘾的道路上越陷越深，放弃了做母亲的权利。在伊恩 3 岁生日后不久，她将伊恩送去给姐姐丽贝卡收养。

虽然丽贝卡和保罗为莉萨的事情感到非常难过，但为这个意外的、为人父母的机会激动不已。他们可以给伊恩一个温暖的家。在短暂的蜜月期过后，伊恩第一次感到了安全，而他的一些行为问题开始显现。早年生活的不幸日积月累，最终造成了不良的影响。伊恩开始表现出丽贝卡对儿科医生所说的"爆炸性"行为。伊恩整天都会发脾气。各种行为管理策略也毫无效果。他们读到的杂志文章让他们怀疑伊恩是否患有双相情感障碍。但幸运的是，他们看到了一集《60 分钟》[77]（*60 Minutes*）。在这集电视节目中，奥普拉·温弗瑞（Oprah Winfrey）采访了得克萨斯州休斯敦市儿童创伤研究院（Child Trauma Academy）的儿童精神病学家布鲁斯·佩里（Bruce Perry）。看完之后，他们就知道他们这个成长中的家庭需要什么了。

佩里的工作是向世界各地的教育工作者、心理治疗师、社工和儿童领养机构的工作人员传授创伤知情护理[⊖]的技术。他在接受奥普拉的采访时解释道，人们需要理解一个孩子之前经历过什么，然后才能试着去改变他的行为。在早期的关系中，婴儿大脑中的联结已经形成了，一旦早期关系陷入混乱，大脑的联结就会受到影响。佩里将"关系匮乏"与"关系健康"进行了对比，解释了孩子需要处在一系列新的关系中（也就是他所说的"治愈的网络"），才能改变之前的大脑联结。

佩里的理论模型与我们用"静止脸"范式提出的理论模型是一致的。[78]我们已经知道，自我调节的能力是在共同调节的过程中形成的。在伊恩的故事里，他生母的物质滥用问题可能破坏了对他的早期支持。这不是要责怪他的母亲，而是我们应该认识到，父母需要陪伴孩子，帮助他们修复当下的错位，这样他们才

⊖　创伤知情护理（trauma-informed care）是指在助人工作中加入对创伤的认识，识别创伤的类型和其他相关的身心状况，以同理心和非评判的沟通方式来帮助他人。——译者注

能一同朝着健康的方向前进。

我们可以把"**逆境**"看作所有耗损照料者资源和阻止他们在场调节自己的和婴儿的心理状态的事物。物质滥用、家庭暴力、父母精神疾病、婚姻冲突以及离婚都会产生有害的影响，阻碍复原力的发展，因为这些不良经历剥夺了孩子在互动中经历错位与修复时可能收获到的支持。

丽贝卡和保罗不了解伊恩的早年生活经历对他的影响，因此把他的行为看作"**问题**"，用"**对抗**"和"**叛逆**"这样的字眼来形容他。接受了佩里博士的新观点之后，他们可能会找到不同的解读。他们明白了，问题的关键不是通过行为管理或药物来消除问题行为或症状。

丽贝卡和保罗帮助伊恩建立了新的关系，让他待在新的环境里，为他提供无数新的体验——不仅和他们在一起，还和邻居一起玩耍，见家庭治疗师，上小班教学的学校，并且建立了一系列支持性的关系（他们还为他养了一条狗）。通过这种方式，他们改变了伊恩的成长路径，让他朝着一个新的、健康的方向发展。由于莉萨沉迷于阿片类药物，而且很少参与育儿事务，致使他们夫妻俩自身的资源不断被消耗，因此他们也需要找到自己的"治愈的网络"，以成为伊恩需要的父母。

丽贝卡加入了一个编织兴趣小组。在每周的聚会上，棒针有节奏的碰撞声能让她躁动的神经平静下来。她依靠伙伴们的力量来克服日常生活中的错位，无论是把棒针掉落在地上，还是老师打电话来报告伊恩今天过得不好，她都能在友谊中找到安慰。

如果丽贝卡和保罗一直试图管理伊恩的行为，而没有意识到这些行为背后的、根植于他早年生活经历中的意义，那伊恩和整个家庭可能就会陷入痛苦的互动。

复原力：不断累积从错位到修复的经验

如果你发现自己被强烈的情绪淹没，无法平静下来，时间可能就会失去意义。由于你无法清晰地思考，你会坚信自己永远都会处于这个糟糕的时刻里。有些孩子的大脑是在混乱不堪的环境中发育起来的，即使他们来到了充满爱的新环境，在面对小小的压力时，比如当被要求清理玩具时，他们也会失去对时间的感知。无论是向他们承诺改变行为就能得到奖励，还是威胁他们不冷静下来就会受到惩罚，都毫无意义。

由于时间知觉的这种特点，温尼科特用了**"持续存在"**[79]（going on being）这个有趣的词组来形容我们在面对压力和困扰时试图保持清晰一致的自我意识的现象，这种体验是在父母和婴儿之间最早的互动中形成的。温尼科特用"分钟"的比喻来阐述这个理念。[80]他提出，如果母亲离开"x+y 分钟"，婴儿就能在脑海中保存她的形象，但如果她离开了"x+y+z 分钟"，婴儿就无法在心里保存母亲的形象了，从婴儿的角度来看，就好像母亲消失了一样。这种"x+y+z"的体验被温尼科特称为**创伤**（我们称之为**有害的压力**），这种体验会让婴儿产生一种"不堪设想的焦虑"，让他觉得自己也不复存在了。

温尼科特所说的这种压力，是自我意识的丧失，会令人深感不安。有一次，在午餐排队的时候，另一个孩子站得离伊恩太近，他产生了极端的应激反应。他的身体进入了"战或逃"的状态，于是他推了那个小女孩一把。老师告诉他，如果他不冷静下来，就可能会被送回家，但老师的话对他没有任何意义。强烈的痛苦让他的头脑被牢牢地禁锢在此时此地，无法设想未来的情况。就在那一刻，伊恩的老师站在他身边，用严厉的语气说话，使得"我是伊恩"的这种基本感觉很可能已经消失了。这种自我意识的丧失就是温尼科特所提到的"不堪设想的焦虑"。

温尼科特的理念来自他在临床工作中的仔细观察。他提出的"持续存在"概念，得到了情绪体验和人体生物学的证据的支持。我们在实验室里观察到，从错位到修复的时间间隔越长，婴儿的应激激素皮质醇水平的反应就会越强烈，其下降速度也就越缓慢。[81] 这项研究表明，早期母婴互动中错位状态的快速修复，与婴儿更好的压力调节能力有关。

正如我们在第 3 章所述，应激反应是由丘脑－垂体－肾上腺系统通过自主神经系统调节的，而丘脑－垂体－肾上腺系统会将应激激素皮质醇释放到血液之中。皮质醇的作用就是提供足够的能量来应对任何引起压力的危险或威胁。短暂提升皮质醇水平可以帮助一个人应对当下的压力，[82] 但皮质醇水平长期升高可能会对之后的生活产生消极影响，包括难以应对未来的压力源，抑制免疫功能，以及产生与应激有关的问题，比如焦虑。在错位的情况下，如果修复的时长超过了孩子的承受能力，皮质醇水平就会升高。压力是可以累积的，更高的皮质醇水平可能会歪曲我们对下次遇到的压力的感知。

反应强烈的应激反应系统可能会刺激皮质醇的分泌，这会对身体和大脑产生长期的破坏性影响。错位与修复之间的时间差值，是判断一种体验是好压力、坏压力还是有害的压力的主要特征。如果时间间隔太长，好压力就会变成坏压力，然后变成有害的压力。但如果把间隔时间缩减到零，好压力也会消失。缺乏错位与修复的童年期不良经历，剥夺了孩子在与亲近的人的关系中学习管理自身行为和情绪的机会。因此，他们可能很快就会被强烈的情绪淹没，失去时间感知。他们会产生一种感觉，即**我被困在这种感觉里了，我无法应对这种情况**，或者**我既无助又脆弱**。

不断累积从错位到修复的经验，可以让人在面对极度痛苦的时候产生一种"持续存在"的感觉，这就是复原力的本质。人们可以体验强烈的困难情绪，并且坚持认为，在未来的某个时候，事情会好起来的，就像丈夫去世后的卡罗尔一样。没有这种日常复原力体验的积累，人们很容易被强烈的情绪弄得心神不安。他们可能会像邦妮一样，看不清未来的前进方向。尽管卡罗尔经历了重大的丧失，但她依然能保持自我意识。邦妮则陷入了深深的烦忧，让她难以相信自己能"继续存在下去"。她所体验到的焦虑很可能就是"不堪设想的焦虑"，她害怕自己会崩溃，这让她

无法在没有丈夫的情况下去体验新的生活方式。卡罗尔活到了 90
多岁，但可悲的是，邦妮的健康状况逐渐恶化，在丈夫去世的几
年之后也去世了。

　　如果人们可以设想一个不同的未来——看清自己的前路，并
且知道尽管事情很糟糕，但总有好转的时候，他们就能找到走出
逆境的勇气。那些没有成功经历过从错位到修复、从隔阂到联
结、从孤独到相聚的过程的人，可能会被困在某一刻的困境里。
如果他们感到愤怒，他们就会一直愤怒下去。如果他们感到悲
伤，他们就会一直悲伤下去。他们的感受永远不会改变。瞬间变
成了一种永恒，这就是绝望的本质。

　　参加马拉松训练的人不会每天都跑完整个马拉松。相反，他
们每天都会跑一定的里程数，并且在几周后增加里程数。锻炼跑
者耐力的训练，与婴儿在和父母的互动中形成应对策略的过程相
似。耐力与复原力来自你跑步的里程数和你体验过的修复错位的
次数。复原力就建立在这些互动的时刻之上。通过克服大量微小
的压力，我们就能培养出处理重大压力的复原力。

　　我们将在第 9 章深入阐述，一旦认识到复原力的来源，我们
就能看到创造性活动的价值，尤其是那些涉及人际关系的活动，
这些活动有助于疗愈和培养复原力。如舞蹈、击鼓或武术这样的
重复性活动，能为我们提供一些有益的体验，既能支持自我调
节，也有助于培养亲近他人的能力。瑜伽课程里有一些动作，能
帮助你感到平静、协调。同样重要的是，你与教练的关系，以及

你和瑜伽课上的伙伴在课程开始和结束时的闲谈，都可能提升你的幸福感，帮助你找到在这个世界上生活的新方式。

在当今这个凡事崇尚立竿见影的社会里，人们希望得到一个解决问题的答案，如果一个答案不行，他们就会去寻找另一个。但是，复原力是通过无数次错位和修复的经历发展起来的，所以当你陷入困境的时候，你需要有机会体验新的、不同的互动瞬间。要找到这样的机会，就需要一个良好的环境、耐心和时间。

代际间的日常创伤

一旦我们理解了复原力源于无数错位和修复的体验，我们就会思考现在"**创伤**"这个词为什么越来越常见。"**创伤**"这个词的原意是指一次性的事件，但创伤使人脆弱，就是因为它是重复发生的。当然，一次性的创伤事件是存在的，但通常情况下，让一段体验变成创伤的原因，正是普遍有害的或未经修复的错位。正如我们用"**日常的**"一词来描述复原力，许多被称为"**创伤**"的体验也属于日常经历。弗兰克和琳赛的故事就是一个这样的例子。

在弗兰克小的时候，每当他犯了一些孩童都会犯的典型错误时，比如在大家族聚会上情绪崩溃，父亲就会罚他坐在地下室的楼梯上，有时一坐就是几个小时，以此来让他感到羞愧。成年之后，当弗兰克寻求治疗师的帮助，应对他与 12 岁的女儿琳赛之间日益激烈的矛盾时，他并没有用"**创伤**"这个词来形容自己的童年。父亲的情感虐待是他生活中日常经历的一部分。

但是，当弗兰克花时间思考，自己是如何对待女儿新生的青春期自我意识的时候，他意识到，在与女儿发生冲突的时候，他心中充满了过去带来的压力，他的大脑已经无法清晰思考了。在正常情况下，他是一个体贴、善解人意的人。但在冲突中，他只会告诉琳赛"别闹了"。在与心理治疗师的咨询中，他意识到自己在冲突中的情感是缺失的，而这种现象也越来越频繁。他和治疗师都在猜测，琳赛也许是在试探他，也许她是在试图促使弗兰克做出更恰当的反应，帮助她应对这个情绪化的发展阶段。

一旦弗兰克看清了这个过程，他就更能给予琳赛情感上的陪伴了。他不再不假思索地做出反应，而是能够停下来，深呼吸，从琳赛的角度来思考问题。他能够容忍琳赛在正式进入青春期之前的脾气了，并且能够基于女儿正在形成的身份认同感来理解她的情绪。很快，他们之间的冲突的发生频率和强度都回到了与琳赛的发展阶段相匹配的正常水平。弗兰克如释重负，再次找回了对女儿的喜爱。

弗兰克小时候的经历可以被称为"**平常的**"或"**日常的**"创伤。这种创伤不像亲眼看着亲戚中枪，或者看着房屋在雪崩时被压垮那样可怕。弗兰克不断地寻求安慰和包容，却遭遇了孤立和羞辱，这是一种长期的、未经修复的错位。当琳赛的行为唤起了弗兰克遭受情感遗弃的记忆时，他就会不断地陷入那种情绪的旋涡。当他清醒地意识到这一点时，他可以为小女儿提供修复关系的机会，让他们的关系走上更健康的道路。

在错位 – 修复中获得胜任感和灵活性

在成长的过程中，无数的互动时刻就像滴水穿石一样，塑造了你的自我意识（既包括你独处时的自我意识，也包括与他人相处时的自我意识）。对于一种经历来说，如果一个人坚守某种固定的意义，停留在隔阂与误解的模式里，那这种经历就会变成创伤。

两岁的梅森和他的两位父亲马克与蒂姆就陷入了这样的窠臼里。梅森早产了 8 周，他有一个早期干预专家所描述的 "不成熟的调节系统"。在日常生活中，这还意味着他很难睡整觉。当梅森趴在蒂姆的胸口上睡着时，蒂姆会花上 30 分钟，小心翼翼地把梅森放回摇篮里，以免吵醒他。如果蒂姆的动作太快，梅森就会立即惊醒，全身都会产生受惊的反应。虽然照料梅森所花的精力超出了马克和蒂姆的预料，但他们能够相互支持，认识到梅森的脆弱之处，挺身迎接挑战。

6 个月后，梅森有过一次窒息的经历。蒂姆以为他癫痫发作了，就叫了救护车。蒂姆的母亲就患有癫痫，他小时候曾目睹过癫痫发作时的可怕景象。现在，他很担心梅森会死。医生向他保证，这不是癫痫发作，梅森也没事，但蒂姆依然感到心惊胆战。虽然马克和蒂姆最初都反对让梅森和他们一起睡，但蒂姆现在相信梅森需要和他们一起睡。马克不情愿地同意了。

梅森长成了一个聪明活泼的幼儿，但是，当他面临压力的时候，他敏感的调节系统就会出现问题。一声突然的巨响，比如车库开门的声音，就可能打断他的游戏，让他的整个身体都受到惊吓，他会情绪崩溃，歇斯底里地哭起来。他一直和两位父亲一起睡觉，一直依靠蒂姆的身体陪伴所提供的包容感来调节自己脆弱的神经系统。如果没有父亲陪在身边，他的身体就不知道怎样放松下来，进入梦乡。

但是，连续两年睡眠不好，让马克备受折磨。他有一份全职工作，而蒂姆待在家里照顾梅森。他和蒂姆吵了起来。马克指责蒂姆让梅森和他们一起睡，只是为了满足他自己的需求。马克也感受到了来自他父母的压力，他的父母不赞成梅森和他们一起睡，并且给他们送了一张崭新的、漂亮的婴儿床。一家人陷入了冲突的困境。

唯一一件他们一致同意的事情就是，睡眠状况需要改善。他们先是咨询了育儿专家，专家建议他们干脆狠下心来，让梅森回自己的房间睡。蒂姆意识到，如果这种情况是逐渐发展起来的，那么也需要一些时间才能改变。蒂姆和马克需要帮助梅森，在没有父亲身体陪伴的情况下让自己的身体平静下来。蒂姆需要处理他对失去梅森的根深蒂固的恐惧，而这种恐惧则与他童年时无助地目睹母亲癫痫发作的经历有关。马克和蒂姆也需要处理他们在睡觉问题上的冲突，这种冲突也受到了马克与原生家庭的关系的影响。

虽然蒂姆没有从"意义建构"的角度来思考问题，但他的本能告诉他，除了决定该怎么做以外，他们还需要在睡觉的这段时间里找到新的相处方式。起初马克很抗拒这种想法，但蒂姆说服了他，让他认识到他们一家人需要时间和谨慎的态度来度过这个重要的过渡时期。咨询了一位亲子心理健康专家后，他们开始努力改变入睡和睡眠的模式。然而冲突产生了。有些晚上一切顺利，但在有些晚上，梅森会哭上好几个小时，而马克会在他身边来回踱步，最后通过读书让他平静下来。一连好几个星期，大家都睡不好觉。然而，当他们弄清楚事情的缘由时，他们允许自己待在这个混乱而不确定的阶段里。

受自身成长经历的影响，马克本以为育儿是一件井然有序的事情。但在蒂姆有事外出的几天里，马克突然成了主要的照料者，他很快就意识到，和小儿子在一起的现实生活其实非常混乱。抽象的规则根本毫无意义。

在一段相当混乱的时期过后，一家人的睡眠体验发生了变化。梅森逐渐相信，即使他没有趴在蒂姆身上，两位父亲也不会离开他。他也学会了在没有和父亲身体接触的情况下让身体保持平静。马克和蒂姆渐渐地让他适应了在自己的房间睡觉。睡眠不足和慢性疲劳的问题也逐渐消失了。梅森和两位父亲的胜任感和效能感提升了，梅森也学会了一觉睡到天亮，这一切都让他们有了新的成长，他们之间的联结也变得更深了。围绕睡眠问题建构意义的混乱经历，让梅森了解到他与两位父亲的关系是有求必应的、灵活的、始终如一的。

对两岁的梅森来说，改变意义相对容易，但仍需要深思熟虑与努力。我们可以想象事情的另一种走向。我们在第 8 章会探讨，如果你固守一成不变的意义，那么随着时间的推移，这种意义的影响会在各种关系和经历中被放大。请设想，如果梅森的两位父亲专注于他们自身的关系冲突，在自己的痛苦和负担之中无暇他顾，不能一步步地教给梅森睡眠这种"游戏"的新规则，而是把梅森放在他自己的房间里，关上门，而他们两人在外面争吵不休，那会发生什么？这些关系就会以另一种方式影响梅森的身体和心理。这些关系的影响会延续到他的新关系里，并随着时间的推移形成歪曲的意义，这种影响可能会延续到幼儿期、学龄期，甚至到他成年期的关系里。

学会睡觉的"游戏"，就是你学着与他人相处的一种形式。虽然大家可能不会用到这个词，但在我们的一生中，我们在与家人、朋友和同事的相处中会无数次地遇到这样的游戏。在下一章里，我们会讨论人们小时候玩的游戏（既指真正的游戏，如捉迷藏，也指与离家工作的父母道别的"游戏"）会如何留存在我们的身体里，并在长大成人后依然影响着我们。"游戏"贯穿了我们发展的始终，贯穿了我们的成年生活，帮助我们在自己特定的文化和社群中理解自己。通过持续不断的错位、修复，我们学会的每一种新"游戏"，都为我们创造了一种归属感。

第 6 章

冲突的游戏：学会融入群体

我们看过一张两兄弟的照片：5 岁的罗兰和 18 个月大的奥斯汀。罗兰正在教弟弟玩一个他发明的游戏：跑到房间的另一头，跳上垫子，然后再往回跑。这种"教学"的重点不在于解释，甚至不在于演示，而在于重复和不可避免的错误。游戏持续了将近一个小时。一开始，奥斯汀没有跳上垫子，而是一屁股坐在了上面，罗兰沮丧地弯下腰，双手抱住了自己的头，但他很快就站起来继续玩了。在多次尝试之后，奥斯汀学会了跳上垫子，然后从房间另一头跑回来，两个男孩笑得前仰后合，享受着联结的纯粹乐趣。每一轮游戏结束后，奥斯汀都会越来越熟悉游戏规则，这种愉快的重复不仅让他加深了与罗兰的联结，也强化了两个男孩的这种意识：分开之后，必有重聚。这个游戏的节奏，包括奥斯汀没做好的那些时刻，都能让他学到：**这就是我们做任何事情的方式**。

我们通常认为，文化深深地根植于语言，但幼儿在拥有语言能力之前就已经能够建构有关世界的意义，并成为他特定文化中的一员了。文化根植于许多系统中——感官、动作、激素、自主神经、基因以及表观遗传系统，我们用这些系统来与世界打交道。罗兰没有用语言来教弟弟。一起玩游戏的所有身体体验，包括奔跑、摔倒、瘫倒在地，甚至没能理解规则时的压力，不仅教会了奥斯汀游戏本身，也教会了他如何融入群体。

从最广泛的意义上讲，文化是一套共享的活动、价值观、目标和处事方法——也就是说，是一种普遍的存在方式。发展是一个终身的过程，通过这个过程，我们每个人都会学着融入许多不同的群体（包括但不限于职业群体、宗教群体以及地缘群体），甚至能够适应家庭成长导致的文化变化。

当 2 个年轻人逐渐走出充满惊喜和兴奋的早期求爱游戏，开始面对一同生活、规划未来、生儿育女这些严肃的事情时，每个人都要了解对方原生家庭的文化。他们会把那些文化中的哪些元素带进他们的新家庭里？在这个过程中，有些文化的交流是很简单的。

杰登和他父亲及 3 个兄弟一样，对棒球、篮球以及杰登最钟爱的橄榄球无所不知。然而，在奇亚拉的家庭里，音乐是共同的语言。她的父亲会经常问她，某首爵士乐（作为背景音乐出现时）

的作曲者是谁。奇亚拉对棒球运动员一无所知，就像杰登对迈尔斯·戴维斯[⊖]（Miles Davis）一无所知一样。有一次，杰登说他从没听说过迪兹·吉莱斯皮[⊜]（Dizzy Gillespie），奇亚拉不禁笑出声来，这在无意中伤害了杰登的感受。她向他道了歉，然后，她没有嘲笑杰登的无知，而是开始向杰登介绍各种音乐流派。他们很快就发现了几个他们都喜欢的新乐队。一起听音乐会成了他们最喜欢的一种活动。起初，杰登会和朋友一起去看体育比赛而不带奇亚拉。但是，当杰登决定去看橄榄球赛，而不陪奇亚拉过一个轻松自在的周日的时候，她会感到很沮丧。于是杰登花了一些时间，为她讲解橄榄球这项运动。很快，看橄榄球比赛也成了他们都喜欢的共同活动之一。

但是，还有些文化差异是根深蒂固的。奇亚拉是独生女，她很难接受杰登的大家庭随意嬉笑玩闹的气氛。她是在一对一的、严肃的互动模式下长大的。她习惯于在桌子旁坐上几个小时讨论严肃的话题。在感恩节，和杰登一家在后院打橄榄球，然后在最喜欢的菜被抢光之前把盘子装满，这一切都让奇亚拉感到焦虑和尴尬。每当杰登去奇亚拉家吃饭的时候，他都会手心出汗，身体不安地抽搐，因为他们一家人会花好几个小时坐在一起就一系列问题展开讨论。为了让他们的关系健康发展，奇亚拉和杰登需要面对对方家庭所引起的诸多复杂情绪。

一方面，他们分别与各自的朋友和家人一起消化这些情绪。

⊖ 美国爵士乐演奏家、小号手、作曲家、指挥家。——译者注
⊜ 美国爵士乐小号手、乐队指挥、作曲家、教育家和歌手。——译者注

另一方面，他们也养成了在家庭聚会期间或之后一起跑步的习惯。身体活动能让他们平静下来、倾听彼此，而不是在这些聚会必然会引起的情绪化的交流中变得反应激烈、戒心重重。

当他们有了第一个孩子以后，事情变得更加复杂了。对于他们想要提倡和避免的事情，两人都从各自的原生家庭里带来了清晰的看法。奇亚拉看重的是她家的求知欲，而不是情感上的疏离。奇亚拉想让自己的孩子在一种被包容的感觉中成长，这是她从杰登的家庭中学到的。杰登珍视手足之间的亲密关系，但他不想把这种关系里常有的负担传递给孩子。尽管杰登与他的兄弟姐妹已经长大成人，有了各自的家庭和责任，但他们仍然觉得在家庭聚会这样的事情上遵循一种僵化的行为准则，这种刻板的期望让人感到勉强、不真诚。

杰登和奇亚拉需要一起为他们新的家庭文化制订一套新的规则，但制订新规绝非易事。原生家庭的文化深深地镌刻在你的身体里，不只存在于你的意识思维之中。要想做出转变，适应新的文化，就必须经历许多混乱和冲突。直面冲突可以给我们能量，帮助我们做出转变，用一种新的方式与另一个人在这个世界上相处。因此，你们需要陷入争执。然后，通过修复这种冲突，作为一个新的家庭单元，你和你的伴侣会变得更加协调一致。如果你心中能怀有这种期待，你就能避免许多麻烦，甚至能挽救一段搁浅的婚姻。

必要的游戏：我们可以修复错位

人类的新生儿对眼前这个世界的规则一无所知。他们无法在出生前预先适应这个世界，也无法预料世界会给他们带来什么，他们必须学习这个世界的运行规律。他们要学习特定文化中的相处方式。这个过程是如何发生的呢？

温尼科特发现，游戏在儿童的发展中起到了关键的作用。他在一篇论文中写道："在且只有在游戏中，孩子或成年人才能发挥创造性，动用自身的全部人格。只有通过创造性，一个人才能发现自我。"[83] 他说的不是去玩具店玩。相反，他指的是一种自发的、随意的没有明确目标或结果的行为。

游戏为什么有这么大的力量？玩游戏会调动一个人的动作、情绪、记忆、对时机的把握、随机应变的能力、能动性以及注意力。在我们一起玩游戏的时候，这些不同的系统会不断地获取能量与信息。这些系统共同组成了婴儿新生的自我意识，并且在他与这个世界上的人和物互动的时候，调整并指引着他的行为。

通过无数的游戏，新的意义才能成为我们的一部分。随着我们年龄的增长，我们在自己玩的、发明的游戏中，不断地收集并加工各种信息，而这些信息组成了我们社会性自我的基础。新生儿融入群体的过程能够告诉我们许多东西，包括我们如何取得成功，以及在学习融入群体的时候会遇到哪些困难——无论是加入一支体育团队、融入一个新家庭、学着做一份新工作，还是适应另一个国家的生活。

那些在大学迎新会上学习"丘比特曳步舞"（Cupid Shuffle）的年轻人，其实是在试着理解新的社会环境，这个过程与婴儿试着理解自己家庭的过程十分相似。虽然一开始会磕磕绊绊、跳错舞步、跟不上节奏，但学生们的舞步会逐渐变得协调一致。由于经历了最初的错位，所以最后的协调会更加令人愉悦，因为这个过程带来了共同的意义以及联结的喜悦。

在"躲猫猫"[○]的游戏里，父母最初要扮演游戏中的两种角色；而婴儿不知道这个游戏是怎么回事，他们会做出各种各样的反应，而且他们的许多反应是与游戏无关的。他们应该看着父母，可他们却看着别处，他们也可能会拉扯自己的鞋子，或者盯着自己的手。他们的行为混乱、变化多端、不稳定、不协调。但随着多次的重复，他们会更加专注，并且知道父母接下来会说"找到啦"。一些混乱的状况会逐渐好转。

随着更多的重复，婴儿会开始掌控游戏的一部分节奏。他们会配合父母说"找到啦"的时机，用手遮住自己的脸。他们会逐渐开始学会玩"躲猫猫"。他们已经了解了这个游戏中的两种角色。当他们根据玩伴的动作调整自己的反应时，行动的顺序和规律就出现了。他们猜测玩伴意图的能力逐渐提高了。通过不断地重复，婴儿完全理解了游戏，也能和父母很好地配合了。

○ 这里指外国大人逗孩子的一种游戏，大人先用手遮住自己的脸，假装躲起来，然后放下手，说："找到啦！"——译者注

婴儿不能自行学会"躲猫猫"游戏。他们得靠较大的孩子或成年人来帮助他们学习。学习世界上所有其他的处事之道也是如此。他们会学习洗澡、换衣服、吃饭、睡觉的游戏——学习做这些事情的各项步骤。在数天、数周、数月的时间里，每一个这样的游戏都会重复无数次。每个游戏的形式都因人而异，都要和特定的伙伴一同学习。

就像反复玩"躲猫猫"游戏一样，与一个人多次互动的成功经历，会让婴儿产生一种内在的认识：**我们可以修复错位**。这种认识不是以语言形式存在的，因为婴儿还没有语言能力，但它具有强大的力量。这种认识有助于婴儿的信任感、安全感的发展。通过多次成功的修复经历，婴儿会逐渐形成一种内隐的认知：他们失控的情绪状态和"有些不对劲"的感觉，可以转化为积极的状态和"一切顺利"的感觉。

"躲猫猫"的游戏能够很好地代表生活中你来我往的交流，也就是错位与修复。在典型的游戏里，婴儿通过不断地重复，建立起了温尼科特所说的**"持续存在"**的感觉。

通过一系列"静止脸"实验，我们探索了在负责抽象思维的脑区发育之前，游戏对于意义建构的重要作用。[84] 在婴儿拥有语言能力之前，关系是以何种形式在大脑和思维中呈现的？我们发现一些母婴面对面玩的游戏有助于解答这个问题，而且对于一对母婴来说，这些游戏往往具有独特的意义。这些游戏可能是某种特殊的触摸游戏，可能是声音的交流，也有可能是某些常规的游戏，如"这只小猪"（This Little Piggy）。在实验的"静止脸"阶段，我们会试图寻找这个问题的答案：婴儿会利用游戏来吸引妈妈的注意力吗？这项研究考察了所谓的"**关系记忆**"：我们如何形成一段与他人以特定方式相处的记忆。

在一次实验中发生了戏剧性的一幕，一位母亲一边拍手，一边欢快地唱歌："如果感到幸福你就拍拍手！"她握着小儿子的手，一边拍手，一边教他规则。然后，实验者示意母亲进入"静止脸"阶段。婴儿无法借助语言思维来理解母亲的反常行为，但他想要与母亲重建联结。他低头看着自己的右手，慢慢地、似乎很努力地把手举起来，放在身体的右侧。然后，他将左手划过胸前，轻轻地拍在了右手上。就在那一刻，"静止脸"阶段结束了，母亲露出了温暖的微笑，高兴地伸出手，握住孩子的双手——孩子的努力让母亲兴奋不已。

这个孩子只有 9 个月大，他还不能这样思考：**我和妈妈一起玩过这个游戏，我拍拍手就能把她唤回来**。他的发育尚不成熟的大脑还没有发展出语言能力。但是，虽然他缺乏用语言思考的能力，而且肯定不知道那首歌的歌词，但可以说，这首曲子代表了他和妈妈之间的关系，而这首曲子保存在了他的身体和大脑里。他可以让运动神经元的信号从大脑皮层经过脑干，沿着脊髓向下传递到手和胳膊的肌肉上，让这些肌肉以特定的方式运动，从而唤起母亲的反应。这些运动并不是由负责语言和符号思维的脑区所发起的，那些脑区还没有完全发育。人际联结的动力源于更深层的大脑结构。

我们在这个婴儿身上看到了一种能动性，一种影响环境以产生积极体验的能力。但是，这种感觉不是以文字和思维的形式存在的，而是在与母亲玩耍时，通过身体的运动存储进大脑的。同样地，随着他们的成长与发展，孩子与照料者之间的关系会通过无数次和照料者的互动游戏表现出来。

打招呼的游戏：文化差异

20 世纪 70 年代，我们一行人前往肯尼亚西南部，研究古西人（Gusii）的亲子关系。[85] 古西人是一个讲班图语（Bantu）的农业部落，生活在肯尼亚人口密集的高原上。我们的研究项目是由美国国家科学基金会（National Science Foundation）赞助的，由人类学家罗伯特·莱文（Robert LeVine）负责。莱文在研究生时期研究过古西人的信仰体系。莱文和他的同事已经开始使用各种观察技术来研究不同的文化了。在当时，5 分钟的观察已经是开创性的研究了，但我们打算观察儿童和成年人一整天的互动，并录下不同互动的视频。在我们与古西人相处的这段时间里，他们习惯了我们的存在，我们也渐渐地融入了他们的生活。

关于相互注视的含义，古西人的解读与西方文化背景下的解读截然不同。在古西人的信仰体系里，眼神的注视在人际关系中具有强大的力量，而且它是建立在"邪恶之眼"的概念上的，人们害怕自己在生命的脆弱时期被看见。我们对婴儿如何在这种文化背景下学习打招呼的"游戏"十分感兴趣。

在古西人之间，母亲和婴儿之间的问候方式明显不同于北美母婴之间的热烈问候。古西母婴之间打招呼的时候，可能有眼神交流，也可能没有，而且母婴之间的交流的情绪基调看似更冷淡。孩子不看大人，母亲和婴儿都没有表现出强烈的兴奋或其他情绪。他们也不会像美国的成年人和婴儿那样面对面地做游戏。美国的父母很健谈，会把他们的婴儿当作互动的伙伴。当我们的研究小组要求古西母亲与她们的孩子面对面地玩耍时，她们看着我们，好像我们很傻似的。不过，她们最终还是答应了！

我们逐帧分析了母婴互动的视频，结果发现，当婴儿和母亲目光交汇、露出微笑的时候，母亲就会把目光从婴儿身上移开，这与大多数西方母亲与婴儿的互动模式完全相反。看到妈妈转过脸去，古西婴儿也移开了视线，脸上的笑容也消失了。实际上，他们似乎很泄气。婴儿最初的目光和微笑传达了**"我想要互动"**的信息，但母亲的非言语信息传达了错位的信息："**我不想。**"或者更准确地说："**不要这样互动。**"

为什么这个族群的母亲会避免与自己的孩子目光接触？古西母亲不会对婴儿报以灿烂的笑容，因为母亲的问候带有特定的文化形式，这种文化形式把热情排除在外了。目光直视和过多的情感表露违反了古西的文化规范。

那么，这个族群中的母婴该如何进行协调的互动呢，而他们的协调互动又是什么样的呢？我们的假设是，婴儿和照料者发现并共同创造了一种互动方式，这种互动方式是符合文化规范的

（"自然的"）相处模式。随着古西婴儿逐渐学会社交"游戏"，他们会在这样的照料关系里一点一点地自发习得符合古西文化规范的问候方式。随着时间的推移和无数次的互动，婴儿会挑选出一系列具有意义的行为，这些行为符合古西人冷淡的问候方式。通过不断地重复，古西婴儿会学着融入自己独特的文化。

有无数的例子表明，在不同的文化中，人的存在方式是天差地别的，古西人打招呼的"游戏"只是其中的一个例子。我们可能会发现，如果一个北美的母亲像古西母亲一样转过脸去，医生可能会对母亲的身心状况和母婴关系感到担忧。如果一位古西母亲用美国式的、热情洋溢的态度与孩子交流，那么我们只能猜测古西医生会做何感想：毫无疑问，医生会认为这是不正常的。问题的关键是，尽管古西人和西方人打招呼的方式有着很大的差别，但二者都是在照料者和婴儿之间反复多次的、选择性的错位和修复过程中形成的。随着时间的推移，这一过程会让亲子关系变得更加复杂、协调一致，而且这两种打招呼的模式都能在各自的文化背景下促进婴儿的成长。

社交游戏能够促进大脑和心智的发展

关系会以人们在各个年龄阶段玩的"游戏"的形式存储于大脑之中。近年来，有一个主题为"二元性终结"的表征⊖科学研

⊖ 表征（representation）即信息在头脑中的呈现方式，是信息记载或表达的方式。——译者注

讨会[86]，介绍了当代关于大脑与心智区别的研究。该领域快速增长的知识体系表明，心智（有意识和无意识的心理过程）与大脑（控制这些心理过程的神经结构）之间的区别是人为划分的。

人们通常认为，关系是以意识思维和文字的形式呈现的。例如，你可以用语言来描述你与父母的关系：亲密的、充满冲突的，或是更为复杂的。一个人可能会这么说："我的母亲工作很忙，情感上通常很疏远，但有时她会全心全意地关注我。"这句话就是关系的语言表征。但正如我们所见，除了意识思维之外，关系还会存在于许多其他的系统之中。通过无数种人们玩的互动性"游戏"，社交体验会存储于大脑和身体之中。在足球比赛中，团队成员会遵循嵌入其身体运动中的互动模式，他们为了完成一个共同目标而相互协调，很少或根本不做语言交流，这就是关系的表征如何存在于整个身体里的例子。

我们会在第 8 章探讨，对于那些影响人际关系的异常"游戏"（例如与抑郁或令人恐惧的父母互动），人们的学习过程和所有其他的社交游戏是一样的，都要运用有意识和无意识的大脑与身体系统。随着时间的推移，这种异常"游戏"的影响会在各种关系和经历中被放大。

在伊拉娜和安德鲁开始接受婚姻治疗的时候，伊拉娜已经意识到，她把自己和母亲的不健康互动模式带到了与丈夫的关系中。但是，意识到问题不同于解决问题。光靠语言和思维是不够的。伊拉娜和治疗师提出了一种个案概念化[⊖]（或称叙事性解释），以说明她为什么倾向于做出某种反应。但是，要在生活中停下脚步，用在心理治疗中学来的话语或观念处理与安德鲁的即时沟通问题，需要的时间实在是太长了。伊拉娜常向治疗师抱怨"对话太快了"。在心理治疗中，这对夫妇除了讨论他们的关系以外，还需要找到新的互动方式，而这种互动方式无须言语的解释。在学习不用意识思维进行交流的过程中，交谊舞课帮了他们的大忙。他们磕磕绊绊地学习跳舞，在犯错时哈哈大笑。最后，他们终于能随着音乐和谐起舞，而他们的关系也变得更加紧密了。

在学习网球时，首先你要学习如何握拍、发球，用眼睛盯着球。一旦你学会了这项运动，就不需要去思考规则了。这个过程变成自动化的了，根植于你的身体和大脑。网球和打招呼的"游戏"是一样的，**是内隐关系认知**（implicit relational knowing）的一个例子。内隐关系认知是指两个人之间经常发生的互动模式，但这种模式不受他们的意识控制。这个术语是由"波士顿改变过程研究小组"（Boston Change Process Study Group）提出的。这个小组是由许多精神分析师和婴儿研究者组成的，包括本书作者埃德、洛乌·桑德（Lou Sander）、亚历山德拉·哈里森（Alexandra Harrison）、丹·斯特恩（Dan Stern）等人，组员们把这个小组称作"游戏围栏"（play pen）。小组会定期开会，讨论亲子关系与成人精神分析之间的关系。杰

⊖　个案概念化（case formulation）是心理咨询师依据某种心理咨询理论对来访者的问题提出的理论假设。——译者注

罗姆·布鲁纳曾经讲过一个蚂蚁被蜈蚣捉住的寓言，他用这个寓言来说明内隐认知的概念[87]。

蚂蚁意识到自己就要被吃掉了，于是它请蜈蚣回答一个问题。蜈蚣同意了。蚂蚁问道："你的第 23 条腿怎么知道第 57 条腿在做什么？"蜈蚣绞尽脑汁，百思不得其解，就在它呆若木鸡、一动不动的时候，蚂蚁走开了。

如果你多年来握拍的方法都是错的，那你就需要改正许多错误才能学会新的握法。但如果你在每次击球的时候都必须停下来思考新的握法，你就没法打球了。这些动作需要自动化，从某种意义上讲，也就是非言语化。同样地，要改变一段不健康的关系，不仅需要基于语言的理解，还需要通过混乱的日常互动，发展出一种新的相处方式。这个道理也适用于我们的工作。

职场里的游戏

当你开始做一份新工作时，你需要花时间学习游戏规则，而且你不可避免地会犯错误。有些职场文化鼓励员工从错误中学习，然后继续前进。刚从大学毕业的埃利奥特加入了一家剧院公司的技术团队，他很害怕自己会把工作搞砸。在开始工作的一周半后，他的担心变成了现实。当时，他和同事菲尔正在搬运一件家具，这件家具是新节目的布景。他们把家具绑在卡车上，但是在从仓库到剧院的路上，这个大柜子却突然开始滑动。菲尔停下卡车，埃利奥特跑到车后，试着不让柜子滑落，但他的体重远远无法与沉重的柜子抗衡，几秒钟后，柜子就从卡车上滑落下来了。他们惊恐地发现柜子上有被损坏的痕迹。一块嵌板脱落了，掉在了几英尺外的地上。柜子一侧的木板上有个小凹痕。好在柜子没有完全散架，他们松了口气，于是重新把柜子装上卡车，开车去了剧场。他们支支吾吾地把事情告诉了老板，老板问道："你们干了什么？"接着他又说了一句："这事儿我自己都干过不止一次。"他耸耸肩，表示这是个小意外，不再追究了。

从那一刻起，埃利奥特觉得自己真正成了团队的一员。通过与同事一起犯错，渡过难关，他对剧院公司的技术团队的文化有了更强烈的归属感。他对工作的投入和他的胜任感都增强了。他承担了更多的责任，也提高了整个团队的效率。

在职场里，大家对错位和修复的容忍程度有大有小。有些同事几乎不会留出空间来反复交流想法，而另一些同事则更愿意接受解决问题的过程。与后者建立关系，可以帮助你与前者打交道。但是，如果那种僵化的处事方式是从高层传出来的，那这里的职场文化可能就不会让人产生归属感。

塞斯盼望着和老朋友亚瑟一起创业。亚瑟在一家公司担任领导职务，这家公司打算在亚瑟的专业领域拓展新业务，亚瑟则招募了他的朋友来一起共事。一想到由朋友来做自己的老板，塞斯内心深处就有些疑虑，但他急于把握机会，将新想法付诸行动，所以他就把这些疑虑抛到脑后了。

　　但塞斯很快发现，尽管他和亚瑟经常在空闲时间一起玩极限飞盘[⊖]，享受队友之间的宽容氛围（这也是他们友谊的写照），但亚瑟在职场却习得了不同的规则。他们公司的领导是亚瑟的顶头上司，尽管他身材矮小，但却十分盛气凌人。他的每一句话、每一个手势都表明，他凌驾于所有人之上。他不鼓励公开对话，不接受任何不同意见。他的话就是最高指示。这种严格的等级文化渗透到了工作环境的方方面面。现在亚瑟也有了自己的下属——即使这个人是自己的朋友，他也采用了同样的态度对待下属。

　　在一段时间内，塞斯和亚瑟似乎可以合作，因为他们的关系能够经得起一些风浪。但当公司里发生变动，一位副总裁突然离去的时候，整个组织都动摇了，而这也让塞斯和亚瑟之间僵化的关系急转直下。亚瑟想要控制塞斯的一举一动。最终，塞斯认为自己无法在这种组织文化里成长。他辞去了工作，搬了家，后来他找到了一个更适合自己的工作单位，他可以在那里尽情地发挥自己的创造力。塞斯清晰地看到了亚瑟没有看到的问题：一种以僵化思维为主导的工作文化，一种抗拒混乱的冲突的文化，是缺乏生命力的。塞斯的判断是准确的，几年之后，他得知那家公司倒闭了。

　　⊖　极限飞盘（Ultimate Frisbee）是一项无身体碰撞的团队竞技运动，融合了橄榄球、足球和篮球等运动的特点。——译者注

从出生开始的游戏

在大儿子马克斯的大学毕业典礼上，加布丽埃拉和斯蒂芬坐在观众席上等待仪式开始，他们一同回忆了一段伤感的往事。在马克斯出生之前，加布丽埃拉和斯蒂芬都是忙碌的厨师，每天工作 14 小时。加布丽埃拉想起刚从医院回家的时候，她把马克斯放在床上，问斯蒂芬："现在该怎么办？"

这个新生儿完全由他们负责，对于刚刚成为父母的人来说，要学着与这个孩子交流、建立联结，是一项很有挑战性的任务。T. 贝里·布雷泽尔顿常被父母和专业人士称作"会说婴儿语的人"，他在数十年的儿科工作中，经常见到这种焦虑。他常常听到准父母的这种焦虑和担忧："我怎么知道我的孩子会成为什么样的人？"

在布雷泽尔顿 99 岁的时候[88]，也就是他去世前不久，他在一次采访中回答了这个问题："他们一和孩子玩就知道了。"在综合儿科的工作中，以及在抚养自己孩子的时候，布雷泽尔顿在与新生儿和父母的无数次互动中逐渐认识到，每个婴儿在来到这个世界上的时候，都有一套独特的特质和交流方式。在这次采访中，他将他设计的"新生儿行为评定量表"[89]（该量表总结了多种在游戏中观察新生儿的方法）称为"我最大的贡献"。"新生儿行为评定量表"提供了游戏的机会，在理想的情况下，这种游戏会一直伴随人们相互了解的过程。例如，布雷泽尔顿发现，父母看到他们的宝宝趴在地上、开始爬行的时候会非常高兴。"他真强壮！"父母会欢呼雀跃。婴儿渐渐睡着的时候，对拨浪鼓的响声的反应会逐渐减弱。在拨浪鼓继续摇晃两三下后，婴儿依然很安静，静静地沉睡，此时父母会对婴儿维持睡眠的能力感到惊奇。

波士顿儿童医院布雷泽尔顿研究所的教育家 J. 凯文·纽金特（J. Kevin Nugent）和他的同事借鉴"新生儿行为评定量表"，开发了"新生儿行为观察系统"（Newborn Behavioral Observations system）。[90] 与"新生儿行为评定量表"不同，该系统是与新生儿建立健康关系的临床工具。"新生儿行为观察系统"不是一项测验，它能帮助父母系统化地观察新生儿与照料者相处时的行为。该观察系统中的题项原型，就是布雷泽尔顿当初去病房时带的盥洗包里的工具，这些题项就是用来展示新生儿的好奇心，和一个混乱、好玩和开放的互动过程的。这些观察方法可以融入各项与新生儿家庭接触的工作，包括产科护理、儿科医学、哺乳顾问、早期干预工作以及其他领域的工作。兄弟姐妹和其他家庭成员也可以参与这个观察过程。

在第二个孩子出生前的几周里，达拉和卡洛斯并没有充满喜悦和兴奋，而是充满了恐惧和担忧，因为他们三岁的儿子罗南对即将出生的孩子表达了明确的愤怒。罗南和妈妈的关系非常亲密，他似乎一刻也不能和妈妈分开。达拉和卡洛斯无法想象他们怎样才能让一个新生儿进入他们三人的固定互动模式。

在罗南第一次去医院看望妈妈和小弟弟雷的时候，产科护士格拉迪丝走进达拉的病房，发现罗南紧紧地贴在妈妈身边，痛苦的表情扭曲了他满是泪水的脸。卡洛斯坐在角落的椅子上，紧张地看着达拉搂着罗南。雷在病房的摇篮里熟睡，格拉迪丝把摇篮推到病床边，与罗南和雷说起话来。雷醒了，格拉迪丝拿出了一个鲜红色的球。这个球就是一个"定向题项"，其用途是展示婴儿（即便是只有几个小时大的婴儿）对特定物体、声音和人脸的偏好。当格拉迪丝向罗南演示，雷的目光会如何兴致勃勃地跟随红球移动时，罗南放松下来了。他带着好奇的表情，慢慢地离开了母亲身边。然后，格拉迪丝拿出了一只小小的拨浪鼓，递给罗南，这个拨浪鼓的用途是展示新生儿的听力以及追踪声音的能力。"你愿意帮帮我吗？"她问道。罗南犹豫地离开了母亲，向摇篮走去。在格拉迪丝的指导下，罗南低头看着这个刚刚进入自己生活中的孩子，轻轻地摇了摇拨浪鼓。当雷扭头朝向声音的来源时，罗南脸上的表情变成了喜悦的笑容。几个月来，达拉和卡洛斯第一次都松了口气。就在那一刻，他们看到了希望，看到了四口之家和谐共处的可能性。

这个开放的观察过程提供了一个契机，使得游戏的理念以及游戏中所固有的错位和修复从一出生就被带入亲子关系和兄弟关系中。现在的许多父母都被对完美的期待所累。如果医生能拿出时间来倾听父母、观察新生儿，他们就能传达这样的信息：不存在所谓的"正确"方法，照料者和婴儿可以一起找到问题的解决之道。

新生儿的神经系统发育尚不成熟，容易陷入混乱的状态，因此在和他们玩耍时，父母需要花费更多的时间和更专注。压力重重的父母可能无法这样陪婴儿玩。压力的来源有很多。难以安抚的婴儿、工作的重担和养育儿女的日常挑战（通常还得不到大家庭的支持），这些都是常见的压力源。压力可能来自家庭成员之间的紧张关系，也可能来自贫困和单亲家庭的负担。父母应对压力的方式也各不相同。有些方式是适应性的，而有些则可能导致失去联结的恶性循环。

现在，许多家长靠手机或电脑来为自己和孩子缓解压力。我们认为，这些带屏幕的设备在客观上并没有好坏之分。重要的是，这些设备以及所有形式的科技会如何影响关系。父母和孩子会如何处理是否允许使用屏幕设备的问题？当你难以应付社会互动的时候，使用屏幕设备能帮你调节自己吗？在哪些情况下，屏幕设备会让你回避社会互动，从而产生问题？在下一章里，我们会探讨科技怎样改变了人们玩的"游戏"——不仅改变了为人父母的游戏，还改变了生活的方方面面。我们思考的问题是，"静止脸"研究能够怎样帮助我们理解科技的积极和消极影响，以及如何减少其消极影响。

第 7 章

科技产品与"静止脸"范式

近年来，人们越来越担心，社交媒体令人上瘾，[91]再加上手机的便携性与社会接纳度，它让越来越多的父母在育儿时心不在焉。有些人甚至认为注意缺陷多动障碍的原因是父母关注的缺失。许多听过或读到过"静止脸"范式的人会想，手机的泛滥也许会让发展中的儿童不断地重温"静止脸"体验。但是，在实验的"静止脸"阶段里，那些母亲并没有心不在焉。她在那里，却又不在那里。这段短暂的时间对婴儿来说是一种无法理解的丧失，让他很难弄清楚这种情境的意义。

雪莉·特克尔（Sherry Turkle）在她广受好评的著作《重拾交谈》[92]（*Reclaiming Conversation*）中引述了一项小型研究，该研究观察了父母与年幼的孩子在快餐店的用餐行为。研究者发现，"成年人对手机的关注超过了对孩子的关注，无一例外"。这些孩子要么变得被动、冷漠，要么把情绪外化成行为，来吸引父母的注意。特克尔将这种情况准确地描述为"孩子在与手机竞争"。她写道："我们发现，孩子们认识到，无论他们做什么，都无法打败科技产品，赢回成年人的关注。"然后，她用"静止脸"范式来解释儿童体验的重要性："如果剥夺婴儿眼神交流的体验，让他们面对父母的"静止脸"，他们就会变得焦躁不安，然后变得孤僻，最后变得抑郁。"虽然我们很感激特克尔引用我们的研究，但我们想指出的是，最初实验里的婴儿并**没有**抑郁。此外，父母在看手机的时候，孩子面临的是完全不同的情况。因为无法吸引父母的注意力，孩子失去了和父母面对面互动的机会。但是，父母的脸并**不是**"静止脸"。

面对看着手机的父母，孩子会建构什么样的意义？他们看到的是，父母关注的是别的东西，而不是自己。这种体验就像父母结束了一天的工作，回到家中，开始做晚饭，而不是坐在地上陪自己玩。即使是那些用老式电话通话的父母，我们也可以从他们的脸上和声音里看出，他们关注的不是自己的孩子。在手机时代之前养育孩子的父母回忆道，在他们拿起听筒的那一刻，之前一直快乐地自娱自乐的孩子，突然间就需要他们的全部关注了。对于现在的科技产品也是如此，孩子会觉得，父母关注自己以外的事物是在剥夺他们的权利。

理解"静止脸"范式与看手机的父母之间的**区别**，也许能帮助我们深入了解科技产品的普及所带来的社会问题。使用手机的父母分心了，但他们没有缺位。虽然手机无处不在、难以抗拒，但除此之外，这种情况其实与父母使用老式电话并没有什么不同。但是，孩子看待父母使用手机的方式，取决于他们早期发展过程中的每一次互动经历。

对于专注于手机的互动伙伴，人们所做出的反应与过往的关系历史有关。有的人可能会暂时找些别的事情做，但有的人可能会很烦躁，还有的人，可能会把对方使用手机看作对自己的遗弃，因而情绪彻底崩溃，就像我们在第1章看到的珍妮弗一样。"静止脸"范式可以解释这些差异。如果一个人有着丰富的互动经验，在日常的互动中很擅长澄清误解、调整沟通方式，那么他就不太可能像一些在快餐店里的孩子一样，表现出异常和混乱的行为。相反，如果一个人很少有修复错位的机会，那么互动伙伴玩手机就会让他感到悲伤、焦虑或极度愤怒。缺乏修复错位机会的人，只能依赖持续的联结来让自己保持平静。如果没有持续的联结，他们可能会被无法控制的情绪压垮。

你个人的关系历史，决定了你在互动伙伴心不在焉、失去联结时所体验到的压力水平。无论是看手机、看邮件，还是做其他任何可能会让互动伙伴转移注意力的事情，都会导致他心不在焉。如果你也打开自己的电子设备来安抚自己失去联结的痛苦，那你就会进入一个恶性循环。你关注手机，会导致进一步的隔阂，这样不仅会增加你的焦虑，还会剥夺你面对面交流的机会——如第3章所述，面对面的交流能让人平静下来。失去联结的焦虑会让你不断地把注意力转移回手机屏幕上。

　　主要的问题在于无处不在的关系压力，而不在于设备本身。那些在快餐店里参与观察研究的母亲体验到了什么样的压力？实际上，特克尔提及的研究者观察到的可能是母亲与孩子之间存在多年的互动模式问题。如果一位母亲压力重重、不堪重负，可能要照顾一个新生儿和其他孩子，但她得到的支持却远远不够，那她所拥有的资源就十分有限，无法满足婴儿对即时互动的需求。如果成长中的孩子缺乏良好的自我调节能力，他们就会变得难以照料、脾气暴躁、睡眠不规律。睡眠不足和持续的争吵可能会进一步加重父母的压力，他们的情感就会越来越疏远，让年幼的孩子越来越难以管理自己的行为和情绪。养育一个失去控制的孩子的压力会让父母逃向科技产品，以为自己和孩子求得喘息的机会。（当然，有时候，父母只是需要打电话而已。）问题并不是由使用手机导致的，而是即时互动的错位长期得不到修复的结果。我们会在第 9 章详细探讨，要解决科技产品所带来的问题，不在于告诫父母应限制这些产品的使用，而在于特克尔所倡导的：沉浸在真实的面对面的互动中。

自闭症与科技产品使用

　　2017 年 5 月，法国的《世界报》（*Le Monde*）发表了一篇文章[93]，声称自闭症患病率的增加与父母使用手机之间存在联系。这篇文章提出了一个假设，即父母不关注孩子，沉迷于电子设备，导致幼儿时常与父母进行"静止脸"的互动。特克尔在她的书中也提到了这个问题，她谈到许多父母担心使用手机和阿斯伯格综合征之间存在联系 [94]（现在，这种病症和其他相关的发展性问题被统称为自闭症谱系障碍）。

在父母普遍使用手机之前，自闭症的确诊人数已经呈指数级增长，这一事实可以轻易推翻手机与自闭症之间存在联系的假设。但是，这个问题为我们提供了一个契机，来思考手机的使用和与自闭症相关的行为之间可能存在的关联。正如我们在第 4 章所述，我们不仅要分别审视父母和孩子的行为，还要观察他们在即时互动中如何影响和改变彼此，这就是我们所说的**相互调节模型**。

如果一个孩子的感官十分敏感，或者有其他神经生物学缺陷，那么他可能会竭尽全力地排斥外部世界，用这种方式来适应自己身边的环境。有社交困难的孩子，可能也会自然而然地受到科技产品的吸引，因为这些设备提供了顺畅的被动参与体验，参与者不需要任何回应。然后，父母可能就会掏出自己的手机，缓解与这些孩子建立联结的沉重压力，让自己平静下来。然而，处于压力之下的父母可能会把压力传递给他们的孩子，而孩子则越来越习惯于靠科技产品来自我调节，缓解压力和焦虑，这就会让问题变得更为复杂。

在两岁的时候，比利就熟知迪士尼电影《阿拉丁》（*Aladdin*）中每首歌里的每一句歌词。当他和姐姐一起看这部电影的时候，他就会跟着歌曲手舞足蹈，他的身体动作几乎与卡通片里的人物完全同步。这个古怪的习惯从一个侧面展现了他对科技产品的痴迷。随着比利逐渐长大，他在一家人出门度假时已经离不开游戏机了，他的父母吉姆和斯黛拉开始感到有些担心。他们试图限制比利玩游戏机，但这却让比利大发脾气，尤其是当一家人外出吃饭的时候，这种问题更为严重。比利的坏脾气不仅影响了家人用餐，也影响了所有其他顾客。所以，为了照顾比利的情绪，吉姆和斯黛拉往往会让步，忍受其他顾客批判的目光——这既是因为他们受到了打扰，也因为这对父母没能限制孩子使用电子设备。

一位心理治疗师提出比利可能患有自闭症，这让斯黛拉和吉姆认识到，比利对社交媒体的沉迷是他社交困难的症状表现。不过，他们不仅没有试图通过禁止比利使用电子设备的方式来应对这个问题，他们还努力让比利用他可以接受的方式去接触社交世界。对于任何一个孩子来说，去玩具店都是一种感官刺激超负荷的体验，但比利却在音乐玩具区找到了安慰。当比利快要情绪崩溃的时候，斯黛拉就会小心地用音乐来帮他调节自己的情绪。她还发现，在其他的情况下，她也可以和比利一起听音乐。她发现古典音乐尤其能帮助比利平静下来。于是，他们一起报名参加了一门音乐课。等到比利能够拿起小吉他的时候，斯黛拉就立即为他报名上课。三年级时，比利加入了学校的乐队。

在中学时，比利和一位受人喜爱、才华横溢的美术课老师建立了亲密的关系，他把对音乐的喜爱扩展到了美术领域。比利常常用色彩丰富的画作来描绘孩子们一起玩耍的场景。比利用他的艺术天赋弥补了自己在童年时期的社交缺陷，这能帮助他理解自己的早年经历。多年以后，他凭借自己的艺术天赋，成为一名平面设计师，继续在家中安静的工作室里作画。随着时间的推移，他的社交焦虑减轻了。凭借自己的努力，他逐渐减少了电子设备的使用，因为他获得了更有益的人际互动体验。

通过比利的故事，我们明白了科技产品的使用并不是问题的原因，而是比利个人困境的结果。电子游戏帮助比利从社交世界的强烈刺激中解脱了出来。斯黛拉和吉姆能够相互支持，也拥有强大的支持系统，这一切足以帮助他们克服与难以交流的儿子互动的困难。如果没有这样的支持网络，每个父母都可能逃避看似无解的亲子互动，把手机作为互动伙伴，导致家庭内部产生失去联结的恶性循环。在真实的互动中，有着属于"三维世界"的混乱，尽管很复杂、很有挑战性，但这些混乱状况能让人们经历错位和修复的过程，从而发生改变。但如果人们逃到手机这个安全的"二维世界"里，他们就会失去那种修复的体验。他们会因此陷入困境，无法成长。

焦虑、抑郁和社交媒体

虽然过度使用手机与压力、抑郁和焦虑之间存在明显的关联，但几乎没有证据能证明使用手机会导致这些问题。[95] 这些问题可能类似于与自闭症相关的行为，手机的使用可能只是一种反应，而不是问题的原因。亨特学院的心理学教授特蕾西·丹尼斯－提瓦利（Tracy Dennis-Tiwary）在《纽约时报》上发表的一篇文章中写道："当我们感到焦虑时，我们会倾向于让自己对当前的焦虑感到麻木。使用移动设备，逃避到二维的世界里，就是缓解焦虑的完美手段，这是一种青少年能够理解的手段。"[96]

研究还表明，低自尊与社交媒体的高频率使用之间存在显著相关。然而，心理学家埃琳·沃格尔（Erin Vogel）很快就指出，我们目前还不清楚是使用社交媒体导致了低自尊，还是低自尊的人会受到社交媒体的吸引。在沃格尔的研究中，她正致力于解决这个问题。[97]

在社交媒体上，人们会展示他们生活的积极方面。在社交媒体的照片里，我们不会看到头发凌乱、筋疲力尽的父母，也不会看到大吵一架后分房睡的夫妻。沃格尔在加州大学旧金山分校的实验室里设计了一个实验来验证这个观点。她和同事在社交媒体上创建了一些看上去"真实"的大学生个人页面。他们发现，如果学生们看了两三个社交媒体页面，看到这些身材健美、外貌出众的"大学生"得到的评论和"赞"比他们更多，他们的自尊水平就会暂时下降。

这个实验表明，使用社交媒体将导致低自尊。但沃格尔也承认，这个实验的研究者只考察了某一时刻的情况。如果我们能在发展的过程中，根据关系的质量来考察行为，结果会有什么不同？与自我意识强大的人比起来，社交媒体对自我意识脆弱的人的影响可能更为显著。无处不在的科技产品使人不断地与他人比较，人们则使用电子设备来缓解由这种比较带来的痛苦，这个过程可能很快就会演变为恶性循环。

使用科技产品是一种症状

在前面的例子里，我们已经看到了，过度使用科技产品不是真正的问题，而是根本问题的症状表现。这种症状具有适应性的功能。只有理解了行为的功能，我们才能直面根本的问题。换句话说，行为是有目的、有意义的。快餐店里，研究者观察到父母会用手机来缓解压力，因为育儿的挑战让他们压力重重，这在无意中导致了相互影响的情绪问题。他们的孩子失去了互动的伙伴（父母把注意力转向了二维的、不会导致互动错位的手机屏幕），还失去了三维的、面对面互动所提供的支持。如果缺乏真实的联结，社交行为异常的孩子（以及他们的父母）可能会被手机提供的虚假联结吸引。如果人们有着各种各样的情绪困境，那么使用科技产品可能会在其中起到复杂的作用。正如下面的故事所说明的那样，我们需要理解行为的目的，然后才能改变行为。

如果科技产品替代了真实的关系

精神分析师丹妮尔·科纳福（Danielle Knafo）做过一个案例研究[98]，说明了现代社会中的科技产品与完美主义之间的联系，我们在第 2 章也提到过这个问题。她在研究中提到了与患者杰克的一次会谈，杰克是一个接近 50 岁的男人。在他们的前 3 次会谈中，杰克告诉科纳福医生，他父母的婚姻问题很严重。杰克讲述了父母的关系，说父亲总是顺从于母亲，而他希望自己能避免类似的情况。与此同时，他也承认自己很渴望亲密关系。杰克已经有过两次失败的婚姻。在第 4 次会谈中，他告诉科纳福医生，自己与一名叫玛雅的女子有了新的恋情。科纳福写道：

> 和玛雅在一起，他似乎找到了一种既能满足自己的需求，又不会感觉委屈的方法。玛雅是个特别的女人，一个能够理解杰克在过去关系里的失望、懂得他日常面对的压力的女人，一个能在杰克想要的时候与他做爱的女人，一个完全顺从的女人。
>
> 杰克认真地看着我，用几乎听不清的声音低声说："我的玛雅，她是个可爱的娃娃，医生。"
>
> 我看着他哈哈大笑，身体左右摇晃着，他把手从膝盖下方抽出来，轻轻地拍手。然后我恍然大悟。不，不可能，难道真是那样？
>
> "没错，她是个可爱的娃娃，"他重复道，笑声渐渐消失，"她是个仿真玩偶。"

想要回避关系中的混乱，并不是什么新鲜事。在 20 世纪 40 年代早期，米尔斯兄弟（the Mills Brothers）的歌曲《纸娃娃》（*Paper Doll*）在单曲排行榜上连续 12 周占据第一位；这首歌的歌词描述了一个人们梦寐以求的纸娃娃，她不像真实的女孩那样会在争吵后离开，而是会一直在家等着你。然而，让完美的幻想蓬勃发展的技术却是新事物。面对患者杰克的这种陌生情况，科纳福开始研究性爱玩偶的问题。现代的玩偶与早些年的充气玩偶大不相同。科纳福得知了"真实玩偶"（RealDoll）系列产品，这是由一家价值数百万美元的公司生产的玩偶，单价高达 1 万美元。这种现代版的"充气娃娃"，在人体解剖方面与真人无异，摸起来也像真人一样。

科纳福与杰克的心理治疗，最终帮助他逐步与一个真人建立了关系。她写道："有时他会怀念地提起玛雅，回忆起那段看似更轻松、不那么混乱、更在自己掌控之中的生活。"然而，在科纳福医生的帮助下，杰克逐渐明白了早年生活经历的影响。当他们的治疗结束时，杰克已经做好了准备，能够建立真正的人际关系，接纳关系中所固有的不完美了。

在与杰克的治疗之后，科纳福在研究高科技人偶的过程中，发现了高端"假婴儿"现象[99]。这个新兴市场出现于 20 世纪 90 年代末，这种假婴儿提供了一种模拟育儿的体验。商家将这种新生儿玩偶产品命名为"重生"（Reborn），科纳福认为，消费者之所以会购买这种娃娃，一定程度上是因为失去孩子的痛苦。新技术让玩偶摸起来很温暖，甚至看起来像是在呼吸和哭泣。科纳福想知道，照料一个玩偶能否"处理失去孩子的创伤，或者应对无法生育，甚至无法与真实的孩子建立联结的痛苦"。科纳福后来遇到了一位玩偶设计师，这位设计师说，她在 7 次流产之后，发现自己真正想做的是制作玩偶。

对于痛失爱子的母亲来说，这款玩偶也许真能提供一个暂时缓解痛苦的方法。杰克对"真实玩偶"玛雅的依恋，是他难以建立真实亲密关系的症状，而人们对于"重生"玩偶的依恋，也可以算是哀伤情绪表达受阻的症状。我们需要时间和空间来应对流产带来的痛苦，这还是一种相对较新的观念。失去孩子的哀伤也永远不会消失。玩偶的这两种用途，都说明了症状具有适应性功能，行为是有意义的。我们需要理解这种意义，才能消除症状，疗愈创伤。

我们在第 5 章已经看到，复原力，也就是在逆境中复原的能力，来自无数次错位和修复的经历。电子设备不会带来错位的互动，从而限制了相互澄清、纠正与调节的体验，而这些体验能够帮助我们培养信任和社交能力，并且让我们在这个世界上的各种关系中，发展出越来越复杂的自我意识。

在杰克与科纳福医生的关系中，他们一起弄清楚了为什么杰克喜欢玩偶，而不喜欢人际联结。如果科纳福医生不了解这种行为背后的意义，就劝杰克不要使用玩偶，那他可能就无法帮助杰克找到更真实、更令人满意的人际关系。如果我们消除症状而不了解症状的功能，就不能解决根本问题。如果把过度使用科技产品和社交媒体当作症状，我们就会发现，简单地告诫人们限制设备的使用时间，或者寻找更好的内容是不够的。我们对科技产品和社交媒体的过度依赖，可能是由社会和文化运动远离人际关系中正常的混乱所引发的症状。如果真是这样，那么我们只有沉浸在人际关系中才能找到解决之道。

　　将症状视为适应性行为，不仅有助于我们理解人们对科技产品的过度依赖，还有助于我们理解和治疗各种情绪困扰。下一章会探讨人际关系问题中的行为，以及情绪痛苦背后的目的。我们需要了解这些行为和情绪的目的，而不是简单地将其消除。我们所说的"症状"是一种表达，表明自我调节和互动性调节之间失去了平衡。我们需要让自己平静下来，也需要从他人那里获得平静的力量。

第 8 章

当关系中出现冲突的时候

我们都有感到迷失的时候。我们的幸福感可能会消退，甚至分崩离析。理解了早期经历如何成为我们的一部分（这正是"静止脸"范式给我们的启示），我们就能在这种理解的指引下走上治愈与成长之路，无论我们是 6 个月大、16 岁，还是 60 岁。如果早期的人际关系蒙蔽了我们的双眼，让我们看不清楚眼前的人，那我们就很难通过与他人建立联结来疗愈自我。

我们从"静止脸"范式中得知，很小的婴儿就能够适应艰难的境况了。但矛盾的是，这种适应本身可能会产生问题。对于抑郁母亲的婴儿来说，如果他们把注意力转向内心，以保护自己免受照料者情感疏离的伤害，他们就无法投入其他的关系，而其他的关系恰恰可能为他们带来不同的体验。他们会错失通过错位与修复获得成长的新机会。

在一生中，我们可能会做出一些行为，习得一些互动的方式，来保护自己免受一时的情绪痛苦，但从长远来看，这些行为和互动方式会阻碍我们建立牢固的人际关系。我们或多或少都会受到这些行为和互动方式的影响。这是非常正常的。但只要了解这种现象如何发生，我们就能在陷入无法健康发展的关系时做出改变。

伯尼为一些年轻男性组织了一个阿片类药物成瘾康复互助小组，但他越来越心灰意冷。他知道，这个小组里的每个年轻人都有着非常痛苦的童年。童年期不良经历已经开始影响成瘾治疗了，而且越来越多的人认识到，早期经历在导致物质滥用的过程中起到了重要的作用。然而，一周又一周过去了，小组成员仍然在讨论十分具体的事项，因为这些组员要面临生活中的无数困境，包括每天去接受药物辅助治疗，与儿童保护机构交涉未果而无法探望孩子的挫败感，等等。这并不是说这些担忧都是无足轻重的，但伯尼觉得他们只是在隔靴搔痒。小组成员似乎在没完没了地相互抱怨，几乎没有任何自我反思的空间。伯尼做了数十年的心理治疗师，他的经验告诉他，只有当来访者体验到与自己困境有关的感受时，他们才会开始改变自己的行为。这群人被困在了一种固定、僵化的模式里。

然后，他想到了一个办法。他知道 YouTube 网站上有一个经典的"静止脸"视频，但他觉得看这个视频会让大家很难过，所以他给大家分享了一个育儿博客上的帖子[100]，这个帖子的主题是"在场而又缺位的教养"。这个博客的作者表达了一种孩子的感受：即使身边有很多人，但依然感到孤独。伯尼认为这篇文章准确地描述了那个"静止脸"视频所表现出来的感觉。他为大家大声朗读了这篇文章。他们彼此之间已经建立起了足够的信任感和安全感，所以这次简单的干预带来了重大的转变。起初，他们把这篇文章与自己身为人父的体验联系在了一起，谈起了自己不能在孩子生活中始终如一地陪伴孩子，并相互分享由此而产生的内疚。但是，在谈话的间隙，有一个年轻人说："这就是我。"他说，他的父母对他几乎没有任何关注，在这样的家庭里长大是一个"错误"。此时他的声音沙哑了，然后眼泪止不住地流了出来。在大家倾听的时候，他让自己完全沉浸在那一刻的痛苦里，将他与父母的淡漠亲情和他对襁褓之中的女儿深深的爱联系在了一起。他冒了很大的风险。他冒的是错位得不到修复的风险，但他相信自己能与伯尼和其他人相互理解。从那一刻起，其他人也愿意承担这一风险了，他们敞开心扉，表达自己的感受，而团体的动力也发生了变化。他们开始把彼此看作复杂的个体——每个人都有自己的故事。成瘾的标签退居二线，让位于有意义的交流。通过他们与伯尼的关系，以及他们彼此之间的关系，团体成员在通往康复的道路上迈出了重要的一步。

失　控

"静止脸"实验让那个团体中的年轻人理解了自己的早期经

历。在前言中提到的那个视频里，以及在这类实验的无数其他版本中，我们都能看到，婴儿与母亲的互动，似乎真的能让婴儿保持平静。当婴儿失去母亲的支持时，他的身体就会失控；他的四肢挥来挥去，胳膊和腿无规律地乱动。就好像这个小人儿的内部结构正在瓦解，将他"黏"在一起的"胶水"似乎正在溶解。我们之所以能忍住心痛，看完这个视频，只是因为母亲很快就会"回来"，让孩子几乎立即恢复了正常，回到了温尼科特所说的**"持续存在"**的状态。婴儿逐渐形成的自我意识，也就是**"我是谁"**的概念，取决于母亲必然的归来。

但是，如果母亲不能在每次缺位后归来，那会发生什么？如果婴儿无法理解母亲的缺位，他的自我存在感就会受到威胁。温尼科特用了一个相当老派的词来描述这种体验：**疯狂**。他写道："这里的'疯狂'仅仅是指，在**一个人感到持续存在**的时候，先前稳定的自我存在感突然坍塌了。"[101]

如果我们从关系的角度来思考疯狂，就能理解那种深刻的情绪痛苦。在童年期不良经历中，最典型的问题就是长期未经修复的错位，经历过这样的错位之后，物质滥用只是人们可能误入的诸多歧途之一。了解这些问题的发展源头，能为我们指明疗愈的方向。处于情绪痛苦中的人可能会觉得"怅然若失"。他们失去了什么？"静止脸"研究告诉我们，如果没有人际关系的支撑，一个人可能会失去他的自我意识。意义、应对能力和复原力，都源于错位与修复的混乱过程。如果缺乏这样的体验，人们可能会陷入困境。他们可能会陷入焦虑、僵化或绝望的状态，从而切断自己与他人的联结。

我们可以把自杀视为"持续存在"的终极失败。2018 年 6 月，两名公众人物，凯特·斯佩德[⊖]（Kate Spade）和安东尼·伯尔顿[⊜]（Anthony Bourdain）的自杀引起了人们对这个话题的广泛关注。精神病学家理查德·弗里德曼 102（Richard Friedman）在《纽约时报》的一篇文章中提出了一个问题：在过去的几十年里，为什么死于心脏病和艾滋病的人数在下降，而自杀率却在上升？他认为，自杀预防缺乏成效，是因为该领域缺乏研究经费。他写道："长久以来，自杀受到忽视的原因很简单，那就是污名化。自杀是一种让多数人感到恐惧的人类行为。自杀被错误地视为一种性格或道德缺陷，甚至被视为一种罪行。人们把自杀看作一种可耻的行为，必须将其隐藏起来。"

弗里德曼所说的恐惧和羞耻，很好地描述了一个人在自我的存在感产生动摇时，完全无法建构意义的体验。

记者罗伯特·惠特克（Robert Whitaker）写过一篇令人信服、论证缜密的文章，名叫"百忧解时代的自杀"103（Suicide in the Age of Prozac）。在这篇文章中，他试图弄清楚为什么治疗手段（尤其是抗抑郁药物的研发）已经取得了进步，但几十年来自杀率仍然在上升。虽然弗里德曼认为自杀是一个医学问题，但惠特克的看法则不同：

    ⊖ 美国时装设计师。——译者注
    ⊜ 美国著名厨师。——译者注

在 20 世纪 90 年代末，精神医学研究者和制药公司高管开始领导（美国自杀）基金会。该基金会提倡用医学的视角看待自杀……然而，从那以后，自杀率一直在上升。这让我们有理由怀疑，这种医疗化的观点是否起到了反作用。

虽然自杀议题十分宽泛，超出了这本书的涵盖范围，但惠特克和弗里德曼的不同观点提供了一个切入点，让我们得以从发展和关系的角度来理解情绪痛苦。"静止脸"范式提供了一个不同于医学模式的视角。正如我们所见，情绪上的幸福感和痛苦，都来自各种即时互动的重复，这种交流塑造了我们。一方面，大量错位和修复的有益互动，能让一个人感觉到世界是安全的，世界上有很多可以信任的人。另一方面，如果缺乏修复的经历，恐惧和不信任则会塑造一个人对于自身和周围世界的理解。这两种相反的极端情况有助于我们理解介于二者之间的、更常见的情况。你从最早的经历中得出的意义并不是固定不变的，它会随着你的成长和改变，在新的关系中，在你不断地理解自身、认识世界的过程中不断地发生变化。

理解情绪痛苦的复杂性，就不能将其污名化。承认情绪痛苦的发展背景和关系背景，不应该是一种羞耻。人们可能会以不同的方式错失错位与修复的机会。在一些极端的情况下，大多数的错位都得不到修复，比如一个婴儿被寄养在十口之家，他很少能得到照料者的关注，也很少有机会进行社会互动。更常见的情况是，从错位到修复的间隔时间过长，痛苦的持续时间超出了孩子的承受能力。如果照料者受到一系列挑战的影响，包括抑郁情绪、物质滥用、婚姻冲突、过大的压力、疲惫和孤独，只能偶尔提供情感陪伴，这就会导致上述的情况。

关系中如果缺少必要的错位，也会使得关系缺乏修复的机会。"直升机式"的父母不允许孩子失败，也不会让孩子迎难而上，获得成长与复原力。"虎妈"或专制型父母要求孩子服从他们为孩子定下的目标，为错位的出现惩罚孩子。类似这种不允许孩子犯错的父母极易打击孩子的自信。为了适应不良的环境，婴儿可能会回避过度侵扰他们的父母。但是，如果这种关系模式延伸到与他人的互动中，回避与他人的交往就可能阻碍持续的发展，不利于孩子在新的关系中成长。

从哈洛的猴子（它们渴求安慰胜过了对食物的渴望）、最初"静止脸"实验里的婴儿、后续实验中的成年人，到本书摘自临床工作中的案例故事，我们一遍又一遍地看到，情绪幸福感的根源就是一个人最早的关系的质量。正如无数次修复的瞬间能让人产生深刻的希望感（**我能克服这个困难**），缺乏修复的机会则可能让人产生深刻的绝望感（**怎么做都没用**）。每个人所体验到的全部情绪困境，都介于这两种极端的意义之间。所谓的**抑郁情绪**，实际上可能是因为一个人看不见走出困境的道路——**我被困在这儿了，一切都不会改变**。我们所说的**焦虑**，也可以被视为对维持现状的固守（当一个人感觉到自我意识逐渐消失时）——**如果我做**

出改变，谁知道会发生什么？

但是，请不要绝望。我们会在接下来的章节中深入探讨，你的心智和大脑能够在你的一生中发生重大的改变。最关键的一点是，你在这个世界上的自我意识会随着持续的发展过程而获得成长和改变。你的情绪来自你的关系历史。即使你的早期经历不堪回首，但只要你建立新的关系，拥有修复错位的空间，绝望的意义就能转变为充满希望的意义。

破碎的自我意识

父母经常会离开自己的孩子。事实上，孩子的自我意识，以及他对周遭世界的意识，就是从父母的来来去去中发展出来的。**"妈妈，你在哪儿？你在这儿呀。"**这样的经历塑造了他对"持续存在"的核心感觉。但是，如果分离的时长超出了孩子的承受能力，就会导致难以忍受的焦虑。孩子无法理解母亲的离去，就好像她已经不存在了。如果母亲不存在了，孩子对于自身存在的感觉也会动摇。这种体验不仅仅是恐惧、悲伤或愤怒。这是一种完全的否定，一种**"我不存在"**的感觉。

尽管怀亚特已经50岁了，并且事业有成，有两个自己的孩子，但只要他年迈的母亲在看似微不足道的家庭冲突中做出令他熟悉的反应，就会立刻让他觉得自己回到了3岁的时候。那时候，每当父母发生任何争执或分歧，他的母亲就好像蒙着一层悲伤的面纱，让人无法接近。在小时候，怀亚特非常害怕这种情况。现在，他母亲又蒙上了这层面纱。在怀亚特小的时候，他无法理解母亲时而出现的情感疏离，他会感到很失落。成年后，妻子和青春期的孩子都给了他支持，让他能够审视自己对母亲行为的反应。时间、心理治疗，以及一系列新的关系让他有机会重新解读母亲时常出现的情感疏离。这么多年过去了，母亲的这种行为虽然看上去依然让人感到不安和吃惊，但已经不会再引起他内心的恐慌和自我意识的瓦解了。他可以待在一个舒适的距离之外，来思考这种情况以及他自己的反应。

怀亚特回忆到，在他小时候，每当母亲在情感上疏远他的时候，他都会担心自己做了什么伤害她的事情。他会有一种强烈的迷失了方向的感觉。由于他无法用其他方式来理解这样的体验，他只能以为是自己的某些行为伤害了母亲。有一种不可动摇的羞耻感在他心里扎下了根，而他花了几十年的时间才得以克服这种羞耻感。没有母亲的情感陪伴与交流，怀亚特的内心受到了沉重的打击。他与母亲相处的体验在他身体里留下了不可磨灭的痕迹。请回想一下我们在第 3 章讨论过的多层迷走神经理论。小时候，任何混乱的社会互动都会给怀亚特一种深深的威胁感，在这个时候，他的身体会在原始迷走神经的影响下陷入不活跃的状态。如果他连自己的母亲都能伤害，那他又会给世界造成什么危害呢？在整个童年时光里，他都非常害羞、拘谨。他觉得自己最好保持安静，躲藏起来。

怀亚特有了孩子以后，母亲给他讲了许多她的故事，让怀亚特理解了自己和母亲的感受。他们的关系不断地发展和变化。怀亚特得知，母亲在怀亚特出生前曾多次流产。在他母亲生活的世界里，没有哀伤的时间和空间。当时还没有为流产父母开设的论坛。即使母亲后来生下了一个健康的男孩，她依然陷入了深深的哀伤，在怀亚特出生后的几个月甚至几年里，母亲的行为里都显露出了这种哀伤。这种情况并不少见，在现在可能会被诊断为产后抑郁症。母亲突然的、无法解释的情感缺位，让怀亚特时常失去"持续存在"的感觉。

凯特·麦加里格尔（Kate McGarrigle）和安娜·麦加里格尔（Anna McGarrigle）在《自行车之歌》（*The Bike Song*）的歌词中很好地表达了孩子无法与母亲联结的痛苦。歌词讲述了一个已经成年的孩子被一段关系所束缚，而这段关系里却有着莫名的隔阂。从这首歌曲的女声里，我们可以听到痛苦与渴望，也听到了困惑。我们可以想象，当这个女儿苦苦哀求母亲在她哭泣时看着她的时候，她面对的是怎样的一张"静止脸"。她想知道，她要怎么做才能让妈妈爱她。

怀亚特母亲的情感缺位，代表了一种未经哀悼的丧失。她依然沉浸在多次流产的悲痛之中，因而压抑了对儿子的爱，但这只是为了保护自己远离无法承受的悲伤。一堵厚厚的墙隔在他们之间，让他们远离彼此，这堵墙就是由他们歪曲的意义所筑造的。

当我们觉得不被看见时

在成年人的关系里，我们可能会觉得伴侣看不清我们是谁，也可能发现自己无法倾听伴侣，这是因为我们把某些意义投射到他们的行为中去了——哪怕他们并无此意。这些关系模式可能源于没有被看到的早期经历。

对于孩子来说，自我瓦解的可怕感觉可能会与"不被看见"的体验同时存在。当怀亚特回想起他的童年经历时，他谈到了母亲人在身边而情感上却遥不可及的经历："就好像我不存在一样。"是什么阻碍了父母投身于了解孩子的混乱过程中来呢？也许，在怀亚特的母亲看来，她失去了一个孩子，而这个新的孩子就是所谓的**"替代儿"**（replacement child）。现在的网络论坛以及其他为这种悲剧提供支持的人，用**"彩虹婴儿"**（rainbow baby）这个更委婉的词来指代在婴儿流产或夭折之后出生的健康婴儿，这个婴儿的降生本应带来快乐与光明。虽然失去孩子的痛苦是不会完全消失的，但如果父母没有哀悼的时间和空间，悲伤就会变成障碍，破坏父母与那个活着的孩子的关系。怀亚特的母亲就是如此，在她身上，有一种生存的本能影响了她。这样的父母可能不会允许自己爱上孩子，他们会提防这种感情，从而保护自己免于再度承受无法忍受的丧子之痛，虽然这种可能性很小，但依然真实存在。

如果父母之间有着长期的关系问题，总是疲于应付未解决的冲突（无论是过去的，还是现在的），那他们可能就很难看清孩子真实的模样。父母对孩子先入为主的看法，往往在孩子出生之前就已经有了。有一位母亲在怀孕期间和伴侣时常发生冲突，她的伴侣有时会愤怒地把她推到墙上，于是她便认定这个未出生的孩子性情顽劣，认为婴儿踢疼她的肚子就表明这孩子"就像他父亲一样"。还有一位怀孕的女士谈到，她母亲患有慢性病，母亲的健康状况恰好在自己怀孕期间急剧恶化。她这样形容自己的母亲："在我的一生里，她总是奄奄一息的样子。"接下来，她用"生命力顽强"来形容自己未出生的女儿，这个词可能从另一个角度反映了母亲的"艰难求生"给她整个童年时期带来了动荡不安的感觉。

有些父母在见到孩子之前就对孩子有了固定的想法。这种对孩子的确信，导致他们不会对孩子感到好奇。父母把自己的意义投射到了孩子的行为之上。相反，如果父母持有不确定的立场，持有**"让我们相遇吧，我会了解你，你也会了解我"**的态度，他们就能给予孩子成长的空间。这种互动过程中的混乱，会让婴儿的自我意识、人际关系以及与世界的关系都变得更加连贯一致、更加丰富。父母的好奇态度也会传递给孩子，有助于他们在成年后建立健康的人际关系。

加利福尼亚大学旧金山分校的心理学家艾丽西亚·利伯曼（Alicia Lieberman）使用我们在第 6 章提到的"新生儿行为观察系统"帮助新手父母看见了婴儿的"真面目"。她认为，这些观察结果是建立关系的工具，能鼓励父母对新生儿感到好奇。她写道："我们用这个**发现婴儿**的过程来增强母婴之间的关系。"[104]她解释道，那些陷入其他关系问题、有情绪困扰的父母难以关注婴儿所传达的信息，而特意关注婴儿的独特行为的过程对他们特别有帮助。

如果父母一直心事重重，他们可能就无法很好地了解自己的婴儿，并且造成严重的后果。众所周知，父母患有产后抑郁症，会对孩子的发展产生消极的影响。[105] 这些孩子的情绪、行为和学习问题会更明显。为什么会这样？二者之间的关联机制是什么？我们对亲子互动录像的分析为这些问题提供了答案。

我们发现，总体而言，与不抑郁的母亲比起来，患有产后抑郁症的母亲看向别处的次数更多，表现出了更多的消极、愤怒和悲伤情绪。她们陪孩子玩耍的时间更少，也更少使用"妈妈语"——母亲在与婴儿说话时使用的夸张语调。[106] 我们对患有产后抑郁症的母亲的婴儿进行了研究，研究发现，早在六个月大的时候，这些婴儿就已经学会了用一种特殊的方式来理解自己所处的环境，他们的意义建构方式，与未患有产后抑郁症的母亲的婴儿是不同的。在抑郁母亲与婴儿的一段典型互动视频中，婴儿没有像我们在最初"静止脸"实验中看到的那样，努力地吸引母亲的注意力，相反，他很快地把注意力转向内心。他吃手、瘫坐在座椅上，他的身体似乎崩溃了。他会注视其他物体，比如椅子或头顶上的灯，而不看向他的母亲。

与那些竭力吸引母亲注意力的婴儿不同，抑郁母亲的婴儿很早就学会了如何与孤僻的互动对象相处。他们的亲身经历告诉他们，指指点点、哭泣和撒娇都不管用。

从这个角度来说，这些婴儿找到了应对照料者退缩行为的办法，他们不但没有问题，而且非常聪明！他们用自己仅有的工具来让自己保持平静——自我调节。这种应对方式具有适应功能。婴儿并没有变得精神失常，反而找到了与抑郁的互动伙伴相处的方式，从某种意义上来说，婴儿理解了自己的母亲。这就好像婴儿在说，**好吧，没关系，我会自己处理这个问题**。

如果我们想想另一种可能出现的情况，也就是自我瓦解的感觉，我们就能明白，这些婴儿的行为的适应性相当强。精神分析师梅兰妮·克莱因（Melanie Klein）用"湮灭"（annihilation）这种具有强烈情感色彩的措辞来描述一种与温尼科特所说的"持续存在"相反的体验。如果抑郁母亲的婴儿缺乏应对的行为，就会产生更可怕的后果。完全失去自我意识的婴儿缺乏进食维生的动力，他们可能无法健康成长，甚至连生命都危在旦夕。

缺爱可能会危及生命

有一项经典的研究[107]提供了颇有戏剧性的证据，这项研究表明，我们最早的关系不仅能让我们保持平静，还能维持我们的生命。研究中的极端情况可以帮助我们理解更常见的、不那么戏剧性的，但同样可怕的情绪痛苦。在我们长大成人之后，这些痛苦都是在所难免的。

在 20 世纪 40 年代，美国仍然有为幼儿开设的孤儿院[108]，当时孤儿院里的孩子死亡率很高，但人们将其原因归结为传染病。但是，奥地利精神分析师勒内·斯皮茨（René Spitz）有一个不同的假设。他认为,正是缺乏始终如一的照料者,也就是缺爱导致了这些孩子的死亡。为了验证他的理论,他观察了两个来自不同机构的婴儿,并追踪观察他们直到幼儿期。在这两个机构里,出生后不久就收容入院的婴儿都得到了充足的食物、良好的住所和医疗服务,但有一个显著的不同之处。在他称之为"托儿所"的机构里,婴儿住在监狱的育儿室里,由他们服刑的母亲亲自照料。在另一个他称之为"弃婴院"的病房里,超负荷工作的护士们每人要照顾 8 ~ 12 个孩子。斯皮茨总结他的研究成果时写道,"托儿所"的孩子长成了健康的幼儿,但"弃婴院"的孩子却经历了情感匮乏,他们没能茁壮成长,他们当中的许多人没能学会说话、走路或自己吃饭。然后,他揭露了最令人震惊的发现:

> 最令人印象深刻的证据可能是两家机构的婴儿死亡率的差异。在为期 5 年的观察中,我们总共观察了 239 名儿童,每个儿童都至少观察了一年,"托儿所"没有因死亡而失去一个孩子。但是,在两年的观察期里,"弃婴院"的儿童的死亡率高达 37%。

在这种极端的情况下,即使孩子有充足的食物,情感剥夺也会导致身体的"饥饿"甚至死亡。斯皮茨写道:"这种由心理社会因素导致的差异,的确会成为生死攸关的问题。"

该研究的批评者认为,这两个群体的孩子有着不同的遗传风险因素。他们认为,遗弃孩子的父母会把一些不良的基因遗传给孩子,这使他们容易受到不良发展结果的影响。后来,杜兰大学的儿童精神病学家查尔斯·泽纳（Charles Zeanah）做了一项说服力很强的研究 [109]，有力地驳斥了这种观点。泽纳与马里兰大学的内森·福克斯（Nathan Fox）和哈佛大学的查克·纳尔逊（Chuck Nelson）一起在罗马尼亚做了一项研究，比较了家庭寄养与孤儿院寄养的孩子的发展状况。

1966 年，为了应对过去 10 年来的出生率下降问题，罗马尼亚领导人尼古拉·齐奥塞斯库（Nicolae Ceausescu）颁布了第 770 号法令，严格限制堕胎和避孕。法令要求育龄妇女每月必须去看妇科医生，医院的工作由秘密警察监督。结果，妇女们生下了她们无力抚养的孩子。许多孩子都被安置在了孤儿院。

1989 年的罗马尼亚革命推翻了齐奥塞斯库的统治，但新政府依然认为孤儿院的抚养环境是可以接受的，因此没必要将孩子送去寄养家庭。泽纳和他的同事检验了这个假设。有两组儿童被随机分配至寄养家庭或孤儿院，而泽纳和他的同事对这些孩子进行了超过 15 年的追踪研究。

记者马娅·萨拉维茨（Maia Szalavitz）在《福布斯》（*Forbes*）杂志上发表了一篇文章，文章的标题很吸引眼球："这是孤儿院，笨蛋" [110]（It's the Orphanages, Stupid）。她在文章中称泽纳的研究结果"令人震惊"。她写道：

> 和斯皮茨的研究一样，得到父母关爱的孩子，比那些在罗马尼亚最好的孤儿院长大的孩子成长得好得多。那些被收养的孩子长得更快，头围（一种衡量大脑发育

的方法）更大，甚至智商也高出了 9 分。与那些留在孤儿院的孩子比起来，这些孩子更幸福、更专注。

罗马尼亚孤儿院研究的结果进一步支持了这种观点：那些与精神病学诊断相关的情绪痛苦来自人际关系。《福布斯》的这篇文章还声称："在孤儿院待过的人当中，患上精神疾病的人占 52%，相比之下，在没有孤儿院生活经历的人当中，患精神疾病的比例只有 22%。被从孤儿院随机挑选、送去寄养家庭的孩子患上焦虑和抑郁的比例，是那些留在孤儿院的孩子的一半。"

在孩子遭受情感忽视的情况下，没有照料者为孩子提供支持，孩子会集中全部的精力来让自己保持平静。他们无法健康成长，甚至可能死亡，因为他们无法依靠自己有限的自我调节能力来调控自己的身体机能。在由机构抚养的情况下，孩子不能得到始终如一的贴心照料。在论述机构抚养的固有问题时，萨拉维茨引用了布鲁斯·佩里的研究。她引用了佩里的话："在通常情况下，婴儿是由多名员工轮班照料的，许多员工只是在做自己的本职工作而已。婴儿的正常生长、应激反应的正常运作，以及与人际关系有关的神经网络的发展，都需要一定的感官刺激，如微笑、触摸、歌唱和摇晃，但机构工作人员无法按照孩子正常发展所需要的方式和量来提供这些刺激。"

精神病学家布鲁斯·佩里强调，适量的、重复的刺激，是婴儿在这个世界上理解自我的关键。那种孤儿院的情况虽然很极端，但强调了早期关系在培养自我调节能力方面的关键作用。即使在不那么极端的情况下，当我们的自我调节能力、亲近他人的能力衰退时，我们依然需要在人际关系中进行适量的、重复的练习，才能获得成长与改变。

将早期的关系体验带入新的关系

从人际关系的角度来看，症状反映了情绪痛苦，是有意义的。焦虑可能源于自我意识中的脆弱感。僵化的行为有助于维持心理一致感。悲伤或绝望的感觉可能源于缺乏修复机会的早期经历。易激惹和社会退缩的行为有保护作用。这些早期的关系体验会延续到新的关系里，并继续影响自我意识的发展。

我们的同事、迈阿密大学的研究者蒂法尼·菲尔德[111]（Tiffany Field）发现，抑郁母亲所生的婴儿在与细心的、没有抑郁症的成年人互动时，会表现出更消极的互动模式，甚至可能让对方产生消极的情绪状态。这些婴儿把自己与母亲的关系体验带到了其他的关系里。最终，随着失败经历的积累，这些婴儿会发展出消极的情绪核心，其主要特征就是悲伤和愤怒。这并不是说他们始终在生气，而是说，即使遇到了引起其他情绪的事件，悲伤也会作为他们情绪的底色一直存在。他们认为自己的母亲不可信赖、缺乏回应，认为自己既无力又无助。这些婴儿为了适应自己的母亲而习得了这样的行为，这些行为变成了自动化的反应。

菲尔德的研究解释了我们的观察结果：与没有患抑郁症的母亲的婴儿相比，抑郁母亲的婴儿在与友好的陌生人互动时，情感投入较少，消极互动较多。当我们实验室的研究助理与抑郁母亲的婴儿玩耍时，他们会体验到一种挫败感。[112] 他们难以同这些婴儿互动，之后他们会认为这样的互动是"失败的"。但有趣的是，他们会把问题归咎于自己，而不会归咎于婴儿。这些研究助理很可能以一种他们意识不到的方式，在这个扭曲的游戏中扮演了一个角色，通过不快乐的玩耍表达了自己的挫败。他们的行为又导致了更深的隔阂。随着时间的推移，研究助理在互动中的笑容越来越少，给婴儿的触摸越来越少，他和婴儿的距离也越来越远。这种现象说明了始于婴儿期的互动问题会如何影响未来的其他关系。在一生中，人们会将自己在早期发展阶段的经历迁移到其他的关系里，这一理念就是精神分析治疗的核心（我们会在第 9 章进一步讨论这个话题）。患者通过移情，将过去糟糕关系中的情绪迁移到治疗关系里，在治疗关系里，治疗师的洞察与理解就可能动摇那些问题模式对患者的控制。心理治疗师会留意自己的反应（反移情），并利用这些反应来理解患者在更广泛的社交世界中的体验。

在面对研究助理时，那些婴儿的行为可以被视为早期的移情，而研究助理的行为则可以被视为一种反移情。婴儿把过去与照料者的互动模式带到了与新伙伴的互动中。当人们长大成人之后，如果他们依然困在消极的互动模式里（这通常是因为他们把其他关系中的模式迁移到了当下），他们就会很难与面前的人建立联结。

在一组令人震惊的"静止脸"实验里 [113]，我们看到了婴儿如何将互动的"记忆"保存在自己的身体里。有一组婴儿参加了两次"静止脸"实验，中间间隔一天。另一组婴儿只参加第二次"静止脸"实验。在第二次实验的"静止脸"阶段之前，我们分别观察了这两组婴儿的游戏过程。我们发现，第一组婴儿在玩耍时的心率较高，表明他们预见到了接下来的"静止脸"阶段，并且感到了压力，因为周围的环境布置与上次实验是一样的。虽然他们不像成年人那样，能用语言和思维的方式"记住"那段经历，但他们的身体却"记住"了。看起来，这些婴儿把他们在"静止脸"实验中建构的意义带到了两天之后。实验室的物理空间带有特定的感官印象，对这些婴儿来说，这些印象就意味着压力。相比之下，当没有体验过"静止脸"实验的婴儿在没有压力的情况下尽情玩耍时，他们的心率就是正常的。

如果那张"静止脸"是一记耳光，或者某种突如其来的情感缺失，那会发生什么？我们在第 6 章讲过，无数次换衣服、喂食、睡觉前的"游戏"组成了婴儿的存在方式的一部分，但如果这些"游戏"还包含了忽视、殴打，或者听父母吵架的经历，那么这些经历也会成为婴儿的生理反应和回应世界的方式的一部分。

有问题的互动模式会导致隔阂

如果一种孤僻、受限制或僵化的生活方式持续存在，它可能会映射到一系列被我们称为抑郁或焦虑的行为中。不过，也许这些行为最初只是为了适应缺乏目的或意义扭曲的世界。有些行为代表着短期的应对方式，但从长期来看，这些行为是适应不良的。这些行为让人远离了促进健康成长和发展的社交，远离了其中正常的混乱，从而导致了隔阂的恶性循环。

即使在最糟糕的情况下，人类也有着建构意义的天然动力。他们会不惜一切代价维持心理一致感，以免承受失去自我意识的可怕焦虑。婴儿会设法让自己平静下来，以获得足够的能量，从而维持一小时或一天的正常状态。在这个过程中，婴儿会利用随手可得的现有资源，即使从长远来看这种行为可能会产生问题，他们也依然会这样做。

精神分析师罗伯特·弗曼[114]（Robert Furman）也赞同这种理论解释。他提出了另一种思路，来解释通常被视为注意缺陷多动障碍症状的行为。他谈到，当孩子体验到无法忍受的情绪痛苦时，他们会有一系列行为选择。他们可能会逃避到幻想中去，这种行为就会表现为注意力的分散和不集中。幻想成了他们的避难所。他们可能会用行为来发泄情绪，而不用语言来表达，这些行为就会表现为冲动和多动的症状。这种行为能让他们表达无法用语言表达的情绪。所有这些症状实际上可能代表了一种对极端环境的适应性反应。

请想象一下，一个年幼的孩子躺在床上，听着父母对着彼此尖叫，知道他们当中的一个人可能会伤害另一个人，那是一种什么感觉？类似**"这是我的错"**的想法可能会让这个无法理解的情境变得可以理解了。但这种想法会带来一种长期的消极后果，让孩子产生一种内化的羞耻感。婴儿与抑郁母亲的互动方式，可以帮助婴儿保持连贯一致的自我意识，但随着时间的推移，可能会让婴儿远离其他的人和事。正如弗曼所说，也正如接下来的故事所述，我们可以把多动和注意力不集中理解为儿童在努力理解自己的体验时所采取的适应性行为。

有一次，10 岁的玛丽亚来到前门，准备去上学，可她既没有穿鞋，也没背书包。在咨询中，她的父母胡安和维罗妮卡还对心理治疗师笑着讲了一些其他类似的故事。胡安小时候和玛丽亚一样。不过，他们都很担心玛丽亚。有一次，在去厄瓜多尔看望祖父母之前，玛丽亚看了看自己的护照，问自己的护照为什么看上去不一样。父母的护照上都有签证章，而她的却没有。这些不同寻常的问题表明，玛丽亚已经开始独立思考问题了。父母绞尽脑汁，不知该如何向玛丽亚解释（用维罗妮卡的话说）他们是"非法入境"的。她的父母竭力保护她不受新闻的影响，因为新闻总在谈论非法移民的问题，但毫无疑问，她已经在学校里听到了一些议论。父母不知道该如何讨论这个难以启齿的问题。在给治疗师讲完这个故事之后，胡安停下来思考了一下这个问题，然后继续分享另一个重要的问题。自从上了二年级，玛丽亚就一直不断地遭受欺凌。就在同一时期，美国政局发生了转变，反移民言论也越来越多。有一个同学告诉她："我们的总统不喜欢你这种肤色的人。"玛丽亚的老师近期也建议她去看儿科医生，做一下注意缺陷多动障碍的评估。他们说，也许确诊之后，玛丽亚就可以得到一些福利，来帮助她控制注意力分散的行为。胡安却不为所动："我女儿没有任何问题。"

在这个故事里，我们可以看出玛丽亚的行为具有多种意义。一旦有了明确的诊断，用治疗来控制玛丽亚的行为（或者说"症状"），可能会妨碍我们充分理解她的复杂体验。造成她这种行为的原因是生理上的分心倾向、受欺凌的经历，以及她对于被驱逐出境的担忧（这种担忧非常真实）。而且，当时的玛丽亚还无法用语言来表达这种担忧。标准化的诊断评估问卷无法反映这个故事的复杂性，只有长时间的好奇和倾听才能揭露事情的原委。玛丽亚漫不经心的行为中蕴含了多种错综复杂的意义。

消除伴随情绪痛苦而来的症状，也许能解决短期问题。比如，可以让一个冲动的孩子坐在书桌前，或者让抑郁的成年人能够在早晨从床上爬起来。但如果这些问题行为具有适应功能，这些行为实际上是一种应对方式，或者是让自己保持平静的方式，那我们就不该只去消除这样的行为。如果我们不去解决这些行为背后的关系问题、发展问题，那这些行为日后可能会以不同的形式出现，造成更为严重的问题，而我们不应对此感到丝毫意外。

重建关系，重塑大脑

"可这是基因问题""这是大脑的疾病"，人们可能会这样说。

一旦我们认识到自己的基因、大脑和身体会在关系中建构意义，那么"生物学 – 经验""先天 – 后天"的错误二元论就会土崩瓦解。我们在第 1 章已经谈过，表观遗传学的发展改变了我们看待先天 – 后天的方式，这门科学告诉我们，经验会影响基因的表达，这二者之间不存在非此即彼的关系。这些受到经验影响的基因又会决定大脑的结构与功能。

行为表观遗传学（behavioral epigenetics）专门探讨环境（或生活经历）如何影响基因表达，以及个体的行为和发展。一个孩子可能生来就携带一种特定的基因，这种基因与某种问题特质有关，但这种基因的表达，以及这种基因对行为的影响，会随着环境的不同而发生变化。一种基因的表达与否，会直接影响大脑的发展结构和生物化学机制。因此，经验塑造了基因的潜能，而早期生活中的关系对于大脑的发育有着至关重要的影响。

举例来说，5- 羟色胺转运体基因 [115]（5-HTT gene）会影响身体对压力的反应。这种基因会影响在情绪调节中起重要作用的脑区的结构和功能。这种基因的 S 型变异（也就是"短"等位基因）与抑郁症有关。但这种基因的表达（或者说对行为的影响）则在很大程度上受生活经历的影响。在没有重大压力的情况下，这种基因是不表达的，因此对个体没有显著的影响。然而，充满压力的生活事件会激活这种基因，改变大脑的结构和功能，显著增加个体患抑郁症的可能性。我们在实验中发现，与拥有该基因的 L 等位基因⊖的婴儿比起来，拥有 S 等位基因的婴儿对"静止

　　⊖　即长等位基因。——译者注

脸"实验产生的消极反应更强烈。[116] 这一发现表明，拥有 S 等位基因这种遗传变异的个体，更容易受到典型互动中不可避免的隔阂的影响，也更容易在缺乏修复体验的环境中受到长时间的隔阂的影响。

许多人认为基因遗传是固定不变的。事实上，基因组（基因碱基对的序列）是不会随着环境而变化的。像囊性纤维化、肌营养不良这样的遗传性疾病，是由基因组内碱基对的某种变化（也就是突变）造成的。与之不同的是，**表观基因组**（epigenome），也就是甲基化模式和基因的表达水平，则可以随着环境发生变化。我们的身体会不断地根据环境改变基因表达，而不改变DNA 序列本身。例如，有一项研究表明，每天做正念练习可以改变基因表达，从而使人能更快地从压力中复原。[117]

还有一项研究表明，携带 S 型 5- 羟色胺转运体基因的人，罹患注意缺陷多动障碍的风险更高。[118] 而且，携带这种基因变异的孩子如果生活在冲突不断的家庭里，就更有可能被诊断为注意缺陷多动障碍。从积极的角度来讲，就算你的基因型里有这样的变异，也不意味着你就会有注意缺陷多动障碍的症状。

我们需要认识到，虽然与注意缺陷多动障碍相关的行为的确有家族遗传的倾向，但不存在单一的诱发注意缺陷多动障碍的**基因**。这是父母和专业人士普遍都有的误解。注意缺陷多动障碍由一系列同时出现的行为组成，这些行为代表着情绪、行为和注意力调节的问题。在人的发展过程中，这些行为来自建构意义的互动，从人们建立最早的人际关系时起，这种行为就开始形成了。

如果我们将情绪困扰称作"大脑的疾病"，就会忽略意义建构过程在情绪和行为的共同调节中的作用。没有人能仅仅通过观察大脑来了解大脑。通过表观遗传学的过程，基因会在人际关系中赋予经历意义，而这将改变大脑的结构和功能。

好消息是，你在一生中都有机会重塑自己的大脑。虽然年龄较大的儿童和成人重建神经联结的时间比婴儿更长，但我们在婴儿身上观察到的变化，在各个年龄段都可以发生。只要能有新的经历为你不断地提供新的互动机会，那么随着时间的推移，你就会逐渐发生改变。许多研究表明，各种不同类型的心理治疗会促进大脑的改变。[119] 我们可以这样理解心理治疗的作用：新的关系提供了建构新意义的机会，因此可以重建大脑的神经联结。

哈佛儿童发展中心（Harvard Center on the Developing Child）制作了一个视频，将婴幼儿的主要照料者称为"神经建筑师"。当你长大成人以后，新的神经建筑师团队可以在你感到迷失的时候，帮助你建构新的意义。

"静止脸"研究告诉我们，如果人们的生活从一开始就出了问题，并且固化的意义在心理与身体里根深蒂固，那么这些有问题的经历就会产生长期的影响。对于那些在成长环境中没能得到足够修复机会的人来说，这些问题就会变得更加顽固。抑郁的父母、过于难以照料的婴儿、陷入困境的婚姻，或者受到虐待与忽视——所有这些情况都能让人陷入永久的绝望之中。

　　人们可能会把这种绝望的意义带到生活中的其他关系里，而恐惧则会阻止他们在那些能够促进成长和改变的关系里敞开心扉。当意义出错的时候，我们需要做的不仅仅是给行为、情绪问题贴上标签，再将其消除。承认这些问题在发展上、关系上的源头，能为我们带来一种新的治疗模式。

第9章

在无数个瞬间中治愈自己

从出生的那一天起，西蒙就难以融入群体。家里有三个孩子，而西蒙是最小的一个。他总是哭个不停，让之前平静、随和的一家人都感到头疼不已。在西蒙进入幼儿期时，他常常对身边的世界做出过于强烈的反应，毁掉了许多次家庭出游。如果他不是第一个按下电梯按钮的人，他就会大发脾气。西蒙的过激行为加上父母和其他孩子不太积极的反应会导致连锁反应，让他的情绪更加糟糕。其他人安抚西蒙的行为往往会适得其反，让他更加难过。在西蒙小时候，他的父母罗曼和贾辛达一直在设法弄清楚"西蒙到底有什么问题"，许多专业人士想把他的问题归结为自闭症、注意缺陷多动障碍，甚至抑郁症。但西蒙的父母采纳了一位好朋友的建议：要谨慎行事，给西蒙时间恢复平静，让他找到自己在这个世界上的意义。这是一条很不好走的路。他们用心倾听西蒙，并尝试了一系列方法，帮助西蒙调控情绪体验的强度。有些方法奏效了，有些则没用。有时他们会给西蒙设置严格的界限，因为如果没有这些界限，就会造成一些不可避免的恶果。在其他的情况下，他们会尽量迁就西蒙的执拗。最后，当西蒙能用语言来表达自己的感受时，他学会了适应环境、融入群体。尽管如此，他有时依然会闷闷不乐，这让贾辛达和罗曼很担心。在西蒙的成长过程中，他们依靠家人、朋友和许多不同治疗师的支持来应对所有这些挑战。

西蒙是一个非常聪明、体贴的孩子，他是家里唯一获得私立高中全额奖学金的人。一时心血来潮，他加入了击剑队，而他此前从未接触过这项运动。事实证明，这个决定让他发生了巨大的转变。青春期通常是动荡不安的，但他在击剑方面的天赋和热情，让他安然地度过了这个时期。击剑锻炼了他的身体和心理，也让他与教练和队友建立了人际关系，这一切为他提供了无数修复错位的机会。西蒙的父母能够容忍儿子带来的混乱，他们愿意试错，也愿意纠正他们在西蒙小时候犯下的"错误"，这些都为西蒙树立积极的自我意识奠定了基础。现在，新的人际关系又进一步巩固了西蒙的自我意识。虽然西蒙依然有反应过度的基本倾向，也偶尔会有闷闷不乐的时候，但他用自己能够控制的方式，将这些特质融入了他的自我意识。他知道这些情绪反应是暂时的，他能够从中走出来。虽然他在大学时期依然会玩击剑，但毕业后繁忙的工作让他无法继续参与这项运动。于是他开始玩飞盘，加入了极限飞盘俱乐部。随着他的自我调节能力逐渐增强，他能够在新的关系中建构新的意义了。

与西蒙不同，莫娜成长在一个不允许出错的家庭里。如果她犯了儿童常犯的小错，比如不愿按时上床睡觉，父亲就会扇她耳光，为这种互动错位画上了一个突然的、暴力的句号。这样一来，莫娜的错位便得不到修复，她只能哭着睡去。

莫娜自己也是一位母亲。当两岁的儿子拉希德从她脸上抢过眼镜，或者不小心用玩具打到她的时候，莫娜都会感到体内有一股强烈的怒火。她的理智告诉她这是幼儿的典型行为。但在这种情况下，她无法像众多育儿杂志上的医生和专家建议的那样，冷静地为孩子设置界限。虽然莫娜能克制自己不去打拉希德，但她有时会把盘子摔到墙上，或者哭着瘫倒在地。虽然她理解，那些医生和专家的建议的意图是好的，但在情绪激动的时候，她根本没法停下来审视自己的反应。

莫娜深知，她希望拉希德过一个与自己不同的童年。但她对儿子行为的反应，是一种根深蒂固的身体反应，如果她想有所改变，就不能仅靠语言和思维，她还需要为自己建构新的意义。通过一系列新的体验，莫娜发现了新的意义。谈话治疗在其中发挥了重要的作用，他们谈了莫娜与暴虐的父亲之间的关系，也谈了莫娜的育儿方式。不过，就像第 1 章里的埃里克和奥尔兹医生的关系一样，莫娜与治疗师的无数个互动瞬间所起的作用，与他们之间的对话一样重要，甚至更加重要。除此之外，莫娜与妻子的良好关系、她在室内设计工作中的创造性表达，以及练习合气道（日本的一种自卫拳术）的经历，都为错位和有益的修复创造了空间。经历了这些混乱状况之后，她在与儿子的关系中建构了新的、不含暴力的意义。

在这两个故事里，我们看到了先天与后天影响的两个极端。由于西蒙有一些与生俱来、不同寻常的特质，他的童年与其他性情随和的手足比起来，有了更多的未经修复的错位。对于莫娜来说，缺乏修复的主要原因在于她父母的问题。这两个孩子都对世界有着歪曲的理解，他们将这个世界看作严苛而令人绝望的地方。他们可能会把这种意义带入新的关系里，引发错综复杂的问题。正如我们所见，在现实生活中，从我们与他人建立关系的那一刻起，先天与后天因素就会紧密地交织在一起。为了能做出长期的改变，西蒙和莫娜需要一些不同于过去的东西：一种新的关系与活动网络。这种改变是漫长而困难的。但随着时间的推移，他们都发展出了更完善、更复杂的自我意识。

身体的治愈力

当我们承受痛苦时，无论是忍受内心的痛苦煎熬，还是遭遇了人际关系的困境，或是两者兼而有之，我们都可能会自然而然地寻求快速的解决之道，以消除这些痛苦。但是，如果我们将目光放得长远一些，我们就会意识到，我们需要做完全相反的事情。随着时间的推移，我们会建立一系列新的关系。在这些关系里，我们会有成千上万个处理混乱状况的时刻，我们会通过修复错位来建构新的意义。我们已经知道，我们为自己赋予的意义不仅仅存在于语言和思维之中。参与新的互动，需要我们同时动用心理和身体。在面对情绪困扰的时候，我们需要发挥自己的创造力。西蒙找到了击剑这种方法，真是太有创意了。击剑是一种有规律的、非暴力的对抗。就像所有的体育运动一样，击剑需要人们面对并战胜失败。

在《身体从未忘记》[120]⊖（*The Body Keeps Score*）一书中，创伤研究基金会（Trauma Research Foundation）的精神病学家巴塞尔·范德考克（Bessel van der Kolk）全面地概述了压力如何存在于身体之中，以及一个人可以如何利用自己的身体，在极端的压力或创伤中治愈自己。范德考克提到，马萨诸塞州莱诺克斯市有一个创意戏剧项目，名为"法庭上的莎士比亚"[121]（Shakespeare in the Courts），该项目就是一个利用身体治愈创伤的例子。这个项目的参与者，是那些因各种原因而违法的青少年，他们被判处参与该表演项目的集中学习，每周 4 个下午，总共 6 周。这种学习经历让脆弱的年轻人有机会表达自己的感受，这是在社交世界中学会管理自己的重要一步。许多这样的青少年都来自混乱无序的家庭环境。由于缺乏始终陪伴他们的照料者，他们没有学习过如何描述自己的情绪，这样会导致一个结果：行为冲动，也就是完全不加思考的行动，这让他们陷入了麻烦。范德考克也谈到了导演凯文·科尔曼（Kevin Coleman）

⊖ 本书已由机械工业出版社华章心理于 2016 年 5 月出版。

是如何与青少年合作的。科尔曼也使用表演来帮助青少年表达自己的情绪体验。范德考克解释道，科尔曼并没有询问他们的感觉如何，这种问题通常只会得到"**好**"或"**不好**"这样带有评判色彩的回答。科尔曼希望他们能不加限制地留意自己的真实感受。从某种意义上来说，这种戏剧项目能让青少年培养倾听自己的能力，帮助他们从自己的行为中发现意义。范德考克写道：

> 相反，科尔曼问道："在刚才那场戏里，你有没有注意到自己有哪些特别的感受？"这样一来，他们就学会了为情绪体验命名。"当他说那句话的时候，我感觉很生气。""当他看着我的时候，我感觉很害怕。"找到身体里的感觉，并且为情绪"找到合适的语言"，能帮助这些小演员意识到他们有许多不同的情绪。他们发现得越多，就越好奇。

在创作的过程中，无论是雕塑、绘画还是写作，你都会经历一个冥思苦想、找不到灵感的过程，直到最后，你才能找到自己真正想要传达的东西。如果你一开始就急于找到完善的想法，那你可能会陷入困境，什么也创作不出来。相反，通过接纳混乱，你就能找到自己的艺术之声。同样地，如果你试图摆脱歪曲的、有问题的意义，重塑自我，那么在新的关系里，你就需要经历无数次不完美的、感觉不太对劲的互动。

在"法庭上的莎士比亚"里，少年犯都准备了自己的节目，这就是对他们的判决的一部分。在排练的时候，这些新人演员就像专业人士一样，难免会出错、忘记台词，或者忘记自己该何时上场、说台词。在一场戏排练多次之后，他们学会了轻松面对错误，更流畅地完成表演，尽管他们的表演永远不会是完美的，但这并不重要。

从战争的创伤中学习修复

早期的关系为发展自我调节、与人建立亲密关系的能力奠定了基础，而这些早期经历会影响一个人成年后的所有关系。如果成年人经受了创伤，他们的反应与治愈方式都会受到这些早期经历的影响。现在，我们考虑一下战争创伤的例子。现在的常见术语**"创伤后应激障碍"**（posttraumatic stress disorder，PTSD）就来自战争创伤领域。

演员斯蒂芬·沃尔弗特（Stephan Wolfert）自编自演了一部震撼人心的独角戏，名为《破坏惊魂》（*Cry Havoc*），这部剧适合各类人群观看。[122] 一开始，他用自己的声音惟妙惟肖地模仿火车在铁轨上呼啸而过的声音，并且通过身体来模仿机械的运动。渐渐地，语言与声音、动作联系在了一起，故事就拉开了序幕。

沃尔弗特用引人入胜的方式讲述了自己的人生故事和治愈自己的旅程：火车停靠在了一个小镇上，他在那里第一次观看了莎士比亚的戏剧，从那时起，他就走上了治愈自我的道路。从童年时期起，他就经历了一连串的不幸，包括来自酗酒的父亲的虐待、父母的家庭暴力、父母的离婚、让他卧床不起的运动损伤，在经历了多年的战争创伤和重大的丧失之后，他擅离职守，离开了军队。在乘火车穿越蒙大拿州的旅途中，他不由自主地在一个小镇下了火车。这一切就像命运的安排，他碰巧在当地剧院里看到了《理查三世》(*Richard III*)，立刻就入了迷。从此以后，他就开始研究利用莎士比亚戏剧来治愈退伍军人的战争创伤的项目了。

在沃尔弗特的戏剧治疗网站 Decruit.org 上有一句标语："用莎士比亚和科学来治愈创伤。"沃尔弗特意识到，退伍军人的大脑在战斗中形成了求生的本能，但他们缺乏重塑大脑、适应平民生活的机会。沃尔弗特的故事丰富了我们对于治愈创伤的理解（无论这种创伤源于童年还是成年生活，抑或两者兼有）。

马萨诸塞大学波士顿分校亲子心理健康项目组的同事观看了沃尔弗特的表演。沃尔弗特解释道，对于退伍军人来说，治愈他们的并不是莎士比亚的文字，而是背诵这些文字时的节奏和呼吸。从某种意义上说，沃尔弗特的表演将婴儿的意义建构过程演绎了出来——这是一个从感官体验和动作到意识思维和语言的转变过程。如果你的意识觉察不到根深蒂固的意义，这些意义就会严重破坏你的当前体验。沃尔弗特帮助观众与自己体内的基本意义建构系统产生了联系，并把那些意义带入了观众的意识层面。

对于沃尔弗特的观众来说，与他"同行"的间接体验能让人产生重大的改变，就像观看《理查三世》对沃尔弗特的影响一样。

在当今的世界里，去剧院通常被看作一种娱乐，而不是治疗。沃尔弗特的戏剧和故事为我们提供了发现富有创造性的治愈方式的例子。

在早年生活中，如果一个人的错位－修复过程出了问题，那么他的生理应激系统就会发生改变。这种体验会留存在身体里，并且当这个人长大成人、感受到压力时，他的身体可能会按照早期经历的影响而做出反应。学习新的反应模式需要同时动用心理与身体。如果有些意义是在语言出现之前形成的，那么一个人要做出改变，就需要建构新的意义，而这种新意义不能仅仅建立在语言和意识思维的基础之上。正如沃尔弗特所展示的那样，为了建立新的关系，打破童年不健康的反应模式，人们需要学习新的呼吸方式。

电影《不留痕迹》（*Leave No Trace*）讲述了一个这样的故事：一位退伍军人和女儿一起旅行，试图逃离自己的心魔。我们在影片中看到，他经历了许多看似寻常的日常琐事，尽管我们可能不会把这些经历看作传统意义上的**治疗**，但对主人公来说，这些经历可能会有疗愈的功效。这些经历可能会为他提供空间，让他得以接触互动中的混乱，并且提供促进成长的修复。但对这位老兵来说，这些经历却是遥不可及的。

一家社会服务机构强迫主人公离开了森林里的舒适区，带着女儿去农场里生活，而他此时问了一个问题：他能不能和马一起工作。农场主告诉他，他得去砍伐圣诞树，这项工作需要他在轰鸣的机器旁边进行。当这位老兵在马厩里独处片刻的时候，他的目光与一匹马相遇了。我们看到他的表情变得温柔了，身体也放松了，他似乎与这匹马建立了他一直在寻找的联结，他也因此得到了间接的疗愈。但他没有抓住这个机会，而是决定带着女儿离开。在他们险象环生的旅途中，他又遇到了其他意想不到的治愈机会。主人公遇见了另一个退伍军人，那位老兵慷慨地让自己的治疗犬去陪伴他。这只治疗犬能感觉到他体内的紧张和痛苦，并给他安慰。在另一个戏剧性的片段里，他看见女儿在没有穿戴任何保护装备的情况下处理一箱蜜蜂，而养蜂人告诉他，他女儿已经赢得了蜜蜂的信任。我们不禁会想，如果所有这些关系（和其他老兵、马的关系，甚至包括和蜜蜂、养蜂人的关系）交织成一张安全的网，也许能帮助这位老兵改变战争创伤在他头脑中留下的歪曲的意义。也许这些经历会让他适应平民生活，重新融入社会。但是，他却认为在森林里独自生活是他的唯一选择。

虽然这部电影是虚构的，但是是依据真实故事改编的，而且现实生活中的确有许多创造性的、治愈战争创伤的机遇。所有这些机遇都有一个共同之处：它们都包含了大量混乱的互动和修复的机会，能让人在关系中产生安全感。在一个特别引人注目的真实的例子中，退伍军人与遭受忽视、虐待或遗弃的鹦鹉建立了关系，其中许多鹦鹉在此前的大部分时间里都独自生活在狭小的笼子里，而这些老兵在这样的关系中得到了治愈。洛杉矶郊外的宁静公园（Serenity Park）是一个鸟类保护区，这些鹦鹉就生活在模拟它们野外生活环境的园区里。莉莉·洛夫（Lily Love）是一位患有严重创伤后应激障碍的老兵，她接受过许多传统的治疗，效果都不好。她在《纽约时报》的一篇文章中讲述了她在宁静的公园里的经历，谈到了这种不同寻常的治疗关系："这种感觉就像一束束耀眼的光芒，被我遗忘了。后来，我看到了创伤，看到了这些我和鸟儿都经历过的创伤，而我一心只想到大自然中去，喂养它们、照料它们，这样做能帮助我处理自己的创伤。一切尽在不言中。"[123]

儿童会将早年间形成的歪曲意义带入成年后的创伤体验，编织成一张错综复杂的网。近年来的一项研究[124]表明，许多患有纤维肌痛症的退伍女兵通常都有性创伤和童年创伤的病史。在军队中，性创伤发生率最高的退伍女兵，遭受过童年忽视和虐待的比例也是最高的。不幸的是，她们可能一直希望在有组织的军旅生活中找到她们想象中的安全。这项研究就是童年期的歪曲意义被带入成年期的例子。这些源于童年期的意义，由于战争创伤和性侵犯而被进一步地扭曲了。在战争结束后，这些意义依然留存在她们的身体里，以慢性疼痛综合征的形式表现出来。

对于创伤，成年人做出的所有反应都根植于早期的不良经历。在人的发展过程中，创伤会在一个人的所有经历中不断再现。无论是战争创伤、多年的关系问题，还是二者兼而有之，一旦你感到世界不再安全、他人不可信任、自己软弱无力，那么任何短期的治疗都只能见效一时，它们一定无法改变那些旧有的意义。如果互动模式没有发生根本性的改变，问题会继续影响新的关系，为新的创伤大开方便之门。更直白地说，把我们弄得一团糟的原因，并不仅仅是小时候发生的事情。在我们长大成人的过程中，我们会不断地创造新的问题。只有经过不断地积累，学会一套全新的互动方式，克服不可避免的隔阂，并重新找回联结，我们才能成长和改变。

将心理治疗当作安全可控的治愈方式

我们可以把心理治疗看作建构新意义的机会。研究表明，对于许多不同形式的心理治疗来说，其真正的价值在于来访者与治疗师的关系。[125] 所有这些治疗的核心，是为来访者提供无数个混乱的互动瞬间，在治疗的环境中提供一个接触各个层次的意义的机会，并让来访者感受这些意义所带来的挣扎。所有这些意义组成了心理治疗的关系体验。

我们在上一章已经谈过，精神分析学的一个根本原则就是移情。来访者会将过去关系中的强烈情绪带入这段新的关系，并且拥有反思的机会。如果你在童年时期会长时间地面对一张"静止脸"，却没有修复的机会，那么对你来说，克服关系中的隔阂不但是不可避免的，还是治愈的必要条件。

在心理治疗之外的人际关系里，当你面对"静止脸"时，你可能会产生自我封闭和解离的反应，这些反应通常在意识的觉察之外（发生在无意识层面），但是，谈话治疗的安全环境有助于让这些反应进入意识层面。这样一来，你就能在失去联结的时候思考这种体验了。在你十分痛苦、正要分享一个重要想法的时候，治疗师可能会看一眼自己的手表。在那一刻，你就可以和治疗师一起审视这种意料之外的隔阂怎样影响了你的身心。如果你能用语言表达这些体验，它们就会失去控制你的力量。

根据我们在第 3 章讲过的多层迷走神经理论可知，如果缺乏修复的机会让你觉得社交的世界是危险的，那么你的原始迷走神经系统可能在多年来一直处于过度活跃的状态，这是一种自我保护的形式。此时，身体在说，世界是危险的，而这种解读就成了你在所有情况下的生存方式。在治疗的环境中，安静的房间、固定的时间，甚至治疗师声音的节奏或韵律，都能让你的智能迷走神经恢复正常。一旦你的社会参与系统开始工作，你就可以放心地与治疗师互动，应对关系中正常的混乱了。当你修正这些"错误"的时候，你就能获得成长的能量，这种能量能帮助你建立许多其他的新关系，获得新的修复机会。

温尼科特很好地阐述了这一概念：心理健康在于能够应对生活中自然呈现的混乱体验。他写道："我们都希望自己的患者能离开我们，忘记我们，也希望他们能把生活本身当作有意义的治疗。"[126] 心理治疗是一种有时间限制的干预，能为来访者提供一系列新的互动，帮助他们建构新的意义，这些意义与他们身体里那些有问题的意义是不同的。这些新的意义也会被他们带入新的体验与关系里。

在新的关系中治愈自己

用富有创造性的方式参与社会互动是治愈的途径，而建立新关系就是参与社会互动的本质。把我们的关系模式比作蛋糕，我们最初的关系提供了基本的"配料"，但它们并不是一成不变的。建立新的关系，就像为蛋糕加入新的调料，能让你继续成长，发展出有创造性的、复杂的自我意识。

阿尼尔在成年后的大部分时间里，都在和抑郁情绪作斗争。在伊拉克，他的父母过去都是事业有成的工程师，但是他们的祖国饱受战争的蹂躏，这让他们十分缺乏安全感，于是他们移民到了美国。他们在美国开了一家杂货店。阿尼尔承载着父母全部的希望。他们希望阿尼尔成为一名工程师，实现他们未能实现的美国梦。阿尼尔也一直在努力满足父母对于他在美国生活的幻想。从外在标准来看，他这一生很成功。只有他的妻子拉娜知道他深陷在抑郁情绪里。

阿尼尔觉得，在他的童年时期，父母没能在艰难的时刻与他、与彼此真正地交流过。多年以来，安全感的缺乏让他们需要避免一切不确定的情况，这也是可以理解的。到了阿尼尔选择职业的时候，他追随了父母的道路，成了一名工程师。他做出这样的选择，并不是出于自己内心的渴望，而是因为害怕自己优柔寡断，害怕让家人失望。在小的时候，他就觉得自己不可能去探索不同的职业道路。几十年后，尽管他为家人赚了不少钱，但他却觉得自己的工作沉闷、乏味、死气沉沉，而且他患上了抑郁症，饱受其苦。

在 45 岁的时候，阿尼尔在拉娜的鼓励下，迈入了充满不确定性的混乱。他一直都很热爱作曲。虽然他为女儿的舞蹈表演作过曲，但他渴望自己能有更多的时间投入作曲。他曾为放弃工程师这份工作而苦苦思索。拉娜与他的父母不同，她一直陪伴着他，并且没有回避这个问题。由于拉娜是一名卫生保健系统的管理员，他们的经济收入尚可维持生计。最后，阿尼尔决定放弃工程师的工作，将精力全部投入到作曲上。

阿尼尔与拉娜的关系给了他应对混乱状况的能力，使他能够发现新的自己，接纳更复杂、更清晰的自我意识。结婚多年以来，他们一同经历了许多磨难。作为两个独立的个体，他们以不同的方式看待自己和周围的世界，而他们也有过无数次共同解决问题的经历。这些经历增强了阿尼尔的能动性和自信心，让他相信自己能够做出选择，发现属于自己的意义。虽然阿尼尔在童年时期缺乏错位与修复的经历，让他很难做这样的探索，总是十分焦虑，执着于满足父母僵化的期待，但他与拉娜的关系帮他在中年时期走出了绝望，获得了希望与创造力。拉娜与阿尼尔的父母不同，她明白成功可以有多种形式，能够容忍阿尼尔另辟蹊径的不确定性。

虽然早期的关系塑造了我们，但在我们的一生中，我们可以改变，在新的关系中建构新的意义。如果我们把童年时期的焦虑、恐惧和绝望的意义带入我们一生中遇到的新的不良经历中，那么在新的关系里，人际互动就会为我们提供错位与修复的空间，帮助我们走上治愈之路。

"静止脸"研究告诉我们，心理治疗是一种综合的解决方法。我们需要放弃这种期待：成长和治愈之路会一帆风顺。相反，我们前进的道路是崎岖不平的，也正是因为如此，我们才能对自己和世界产生新的看法。治愈之路不仅限于心理治疗，还包括更多的日常活动，例如参加武术课程，与朋友在大自然里散步，为别人做饭，或者参加摄影课程，这些活动都能帮助我们敞开心扉，接纳联结与融入群体时可能会面临的混乱，进而治愈我们的心理与身体。

第 10 章

在不确定性中找到希望

在本书开篇的章节里，我们提到了斯蒂芬·霍金的作品，说明了错误在生命诞生过程中所起到的重要作用。哲学教授西蒙·克里利奇（Simon Critchley）在一篇题为"确定性的危险"[127]（The Dangers of Certainty）的精彩文章中也提出了类似的观点。克里利奇阐述了海森堡不确定性原理，该原理指出，我们对粒子所处的位置越是确定，就越不能准确得知它的动量，反之亦然。不确定性原理说明了绝对的知识在物理世界中的局限性。克里利奇也将不确定性原理应用于社交世界，他写道："我们与他人在一片灰色地带里相遇，这片灰色地带里充满了商讨与妥协。这就是倾听、对话和社会互动的过程。"

人们交流的灰色地带中蕴含着不确定性，容忍这种不确定性能为错误留出空间。如果没有错误，人就不会有任何改变，也不会创造出新的东西。容忍不确定性并不容易，因为错误会让我们所有人心神不宁，所以不确定性可能会让你回到僵化的思维中去，但是，如果人们幻想有一种简单明确的解决办法，就会产生抑制的效果，限制自己的成长。反之亦然，如果你承认自己有所不知，投身于无限的不确定性，并努力应对困难，那么你就有机会找到解决复杂问题的创造性方法。与不确定同行能让你得到治愈和成长。

如果你将以前互动中的意义迁移到了新的互动中，那么确定性则可能会破坏你的关系。如果你把其他关系中的情绪带入了原本没有这些情绪的关系，那你就很难与人建立联结。如果你早年间的关系不能容忍正常的误解，那你就可能会以确定的态度回应伴侣，认为自己知道什么是对的。

确定性的暴政

确定性使我们远离成长与治愈，更糟的是，它可能会带来危险和伤害。确定性与专制独裁常常相辅相成。塔拉·韦斯特弗（Tara Westover）的回忆录《你当像鸟飞往你的山》[128]（*Educated*）讲述了她作为生存主义者[⊖]的女儿，在爱达荷州山区里的坎坷成长经历。这本书就讲述了塔拉在一个专制的、充满确定性的环境

⊖ 指那些积极地为自然灾害、核战争或社会崩溃等社会性危机做准备的人，他们的最高目标就是个人或集体的生存。——译者注

中成长的故事。举一个很能说明问题的例子，塔拉的父亲坚持要全家人通宵驾车 12 个小时，结果他们在清晨时出了车祸，母亲的头部严重受伤。但是，父亲坚信医院是邪恶的，没有送母亲就医，而是让她待在家里。母亲在黑暗的地下室里待了好几周，因为她无法忍受光线，但母亲的病情并没有因此好转。这场车祸致使她落下了慢性头痛、记忆受损的毛病，不能再做助产士的工作了。虽然我们不认识这位作者，但我们不禁猜想，创作回忆录的过程，也许在一定程度上帮助她摆脱了成长环境中特有的专制的确定性。

在出现问题的人际关系里，我们会发现，人们明显缺乏好奇心。关系中的一方或双方会表达出绝对的确定性。他们可能不会留出反思的余地，他们十分确信自己清楚其他人的感受，可以任意断言，不容任何讨论和质疑。

纳迪娅住在她姐姐奥尔加的家楼下 5 层的公寓里。她们家的先辈从 19 世纪末的俄国大屠杀中幸存下来，移民到了美国，她们两人在小时候的关系很亲密。但是，在她们的哥哥恩德雷死后，两姐妹为了他的遗产归属而产生了纷争，一直未能和好。她们都确信对方是错的，直到两人都在九十多岁先后去世时依然没有改变想法。她们的孩子也针锋相对，整个家族为了根深蒂固的分歧而陷入了冲突。

米尔顿和妹妹迪莉亚也有相似的经历。由于对家中往事的误解，他们都对彼此心怀怒火，许多年不相往来。直到米尔顿已长大成人的小儿子因严重的焦虑而寻求帮助的时候，这种嫌隙才开始得以修复。在治愈自己的过程中，小儿子学到了许多经验教训，而这些经验教训引发了一连串的事件，最终让整个家族都得到了治愈。在接受心理治疗的时候，小儿子学会了在极度恐惧的时候停下来呼吸。他把这个方法教给了父亲米尔顿。当米尔顿对迪莉亚愤怒到无法思考时，他就运用了这个办法。这种转变创造了足够的空间，让米尔顿能够意识到妹妹有着不同的视角，虽然她不一定是对的，但米尔顿理解她有坚持自己的立场的理由。米尔顿在思想上的转变，让他能够走近自己的妹妹，开始消除他们之间的隔阂。后来，他们一起去打网球了，这是他们小时候都喜欢的一项活动。在打球的时候，他们都出现了不少失误，当然，也有一些让他们感觉很好的好球。用力击打网球恰好是他们发泄攻击性的一种方式，经过无数个小时有节奏地反复击球，他们又开始喜欢彼此的陪伴了。他们之间的裂痕也开始弥合了。

不确定性意味着更多的开放空间

这两个家庭的故事表明，如果人们不给混乱和不确定性留出开放的空间，他们就会陷入困境。布雷泽尔顿的一位同事给他讲了一个故事，布雷泽尔顿则借此说明了不确定性的价值。在这个故事里，这位医生对一个新生儿的家庭做了两次家访。在第一次家访的时候，他们家给人一种平静、井井有条的感觉。父母和婴儿都穿戴整齐、彬彬有礼，给这位医生留下了深刻的印象。回到医院之后，这位医生兴高采烈地报告了他的观察结果，但布雷泽尔顿医生却很安静，似乎不像他的同事那样高兴。一周以后，当医生第二次家访的时候，一切都变了。妈妈的状态很糟糕，爸爸看上去像是好几个月都没睡觉了。虽然这位医生很担心，但当他讲述这次家访的经过时，布雷泽尔顿医生却对事情的变化松了口气。他说道："他们给了婴儿空间。"

家庭中的这种混乱反映出了养育孩子所不可避免的混乱与不确定的过程。在生命最初的几个月里，不确定性在一个人自我意识的发展中起到了关键的作用。正如我们所见，在温尼科特所说的"原初母性贯注"（primary maternal preoccupation）的阶段里，母亲能想到这个无助婴儿的所有需求，但在此之后，母亲就会迎来一个关键的时刻：她无法满足婴儿的每一种需求，而她也不应该这样做。当孩子的能力不断提高，并逐渐长成一个独立的个体时，母亲自然会不确定孩子有何需求。"足够好"的母亲并不完美，但正是这种不完美给了孩子长成自己的空间。

确定性与不确定性的概念，对于我们的育儿有着广泛的影响。专制型的家庭教养方式（"听我的，否则就滚蛋"）可能与孩子难以调节情绪有关。相比之下，权威型的教养方式则与孩子更强的情绪调节能力、更灵活的思维，以及更强的社会能力相关。权威型的教养方式要求父母尊重孩子，对孩子感到好奇，能够容纳孩子的强烈情绪，并且对他们的行为加以限制。

在理想的情况下，父母的权威是自然产生的。这是不需要从专家的书中学习的东西。那么，为什么有些父母会失去他们天生的权威呢？压力无疑是最主要的原因。这种压力可能在一定程度上来自孩子，比如说，如果这个孩子特别"难哄"或有某些生理上的功能失调，就会给父母带来许多压力。在当今快节奏的文化中，压力可能来自持家和工作中的日常挑战，父母在面对这些挑战的时候，时常得不到大家庭的支持。压力还可能来自父母之间、兄弟姐妹之间、代际之间更复杂的关系问题。

从事亲子心理健康工作的心理治疗师在与幼儿的家庭一起工作时，他们的目标是帮助父母重新找回他们天生的权威。治疗师会为父母提供空间和时间，让他们讲述自己的故事，处理生活中的各种压力，这样一来，治疗师就能帮助父母理解孩子的行为，发现孩子行为背后的意义。

父母去找儿科医生或其他专家的时候，通常都希望能得到建议和专业的判断。亲子心理健康专家凯特琳·马尔卡希（Kaitlin Mulcahey）曾是我们亲子心理健康项目的研究员，她目前在蒙特克莱尔州立大学工作。近期，她为从事和幼儿与父母相关的工作的专业人士做了一次演讲，她在演讲中承认，给予建议的压力来自两个方面：父母期待得到答案；专业人士满怀善意，希望能帮助他人。马尔卡希博士谈到了她所使用的一种简单技术。每当家长问她在某种情况下该怎么做时，她就会停下来，做一次缓慢的深呼吸。她发现，在这个小小的开放空间里，父母会产生自己的看法，想到创造性的解决方案。一位母亲可能会这样描述她那难以安抚的婴儿："我注意到，当我把她抱在肩膀上的时候，她就会更放松。"她也可能会说："我猜放音乐也许能让她更平静。""只倾听，不提建议"的开放式交流可能会让你感到焦虑。无论你是一名专业人士、父母、爱人还是朋友，深呼吸都有助于缓解这种焦虑。

你可能会在谈话中自然而然地提供一些指导。但是，在没有充分认识到情况复杂性的时候，过早地提出建议可能会带来挫败。相反，当父母产生顿悟的时候，亲子之间的理解和再度联结会为他们带来激动人心的喜悦与快乐。

同样地，如果人们允许生活中出现冲突，并主动去克服这些冲突，他们就会体验到成长的能量。当母亲终于把不肯吃奶的婴儿放在胸前哺乳时，当父母和幼儿成功地化解发脾气的"危机"时，当姐妹克服了多年的隔阂、愿意做彼此的伴娘时，当朋友、配偶、同事克服了冲突，变得更加亲密的时候，他们就会体验到那样的快乐。正如我们在第 4 章所见，你的自我意识和你建立亲密关系的能力是一体两面的。在最亲密的关系里，如果双方能为不确定性留出空间，那么随着每一次的修复，双方的关系会变得更紧密，也更能容忍必然会出现的新的不确定性。

不确定性能培养同理心和希望感

"我懂你的感受"是一种表达同理心的常见方式。虽然这种说法是善意的，但有时听起来却很刺耳。这种表述与同理心的内涵恰恰相反，因为同理心代表了一种"不知"。莱斯利·贾米森（Leslie Jamison）在她的文集《同理心的考验》[129]（*The Empathy Exams*）中，很好地描述了同理心中蕴含的不确定性。她写道："同理心需要探究，也需要想象。同理心需要你知道自己一无所知。有同理心意味着你承认自己永远无法看清事情的全貌。"只有我们努力想象别人有何感受、虚心承认自己并不真正了解他，我们才能真正地陪伴对方。

怎样才能学会用接纳不确定性的态度倾听他人？带着好奇心倾听、容忍不确定性的能力，来源于个体最早期被倾听的经历。多年以前，布雷泽尔顿医生的同事在和他一起查房的时候，惊讶地发现他对新生儿有着深切的同理心。他既能观察，也能倾听。他知道这个新生儿是他要去认识的人。他知道婴儿有话要对他说，但他能意识到，自己还不知道婴儿想说什么。

两个成年人之间的新恋情，与父母和新生儿爱上彼此的过程有些相同的特点。温尼科特的"原初母性贯注"可以很好地描述成年人坠入爱河时的情形：强烈的激情完全填满了他们的头脑与生活，通常会让他们把所有其他的顾虑都抛诸脑后。但就像母亲和婴儿的关系一样，这种纯粹的痴迷必然是暂时的，恋人很快就会回到现实生活之中。

当马利克遇到泰勒的时候，他正处在低谷时期。他一个人住在陌生的城市，感到十分孤独。他们一见钟情，进入了一段幸福的蜜月期，但当两人变得更加亲密时，不可避免的误解就产生了。马利克几乎没有处理冲突的经历。他的父亲酗酒成性，有虐待倾向，在情感上既冷漠又疏远。当马利克和泰勒因为去哪里过感恩节而争执时，马利克的本能反应是逃避。虽然马利克的情绪激烈、脾气火暴，但泰勒既冷静又平和，她鼓励马利克不要逃避冲突。起初，马利克认为泰勒希望和她的家人一起度假，是因为泰勒对他的家人有看法。但是泰勒心里完全不是这样想的：她担心自己年迈的父母，觉得应该拿出时间陪陪他们。当他们能够倾听彼此并明白对方的想法时，他们就能够相互理解了。

在这段修复错位的经历之后，马利克学会了停下来呼吸，去容忍泰勒不理解自己感受的时刻。他们一同经历了许多不确定的时刻，最终产生了深深的联结感，找到了共识。他们对彼此的爱也越来越深。

神经外科医生保罗·卡拉尼提（Paul Kalanithi）在 37 岁时死于转移性肺癌，而他那文字优美、思想深刻的回忆录《当呼吸化为空气》[130]（*When Breath Becomes Air*）却尚未完成。他在这本书中写道："'**希望**'一词大约于一千年前出现在英语里，其含义是信心与渴望的结合。""**希望**"的这种定义也适用于人际关系。"**信心**"反映了无数次从错位到修复的经历，在这个过程中，我们会产生一种感觉：我们的关系会维持下去，我们知道**我们会渡过难关**。"**渴望**"则为关系增添了亲密与信任。

可以说，在与泰勒的关系中，马利克找到了希望。在马利克的早期经历中，他很害怕关系中的波折，但在这段新的关系里，他发现，当人们产生误解时，关系并不会破裂。事实上，有了误解，才能有修复，而修复为我们提供了成长和改变的能量。当两个人消除误解、相互理解的时候，他们彼此之间就会产生联结。

当你因为缺乏修复的经历而感到绝望时，执着地追求确定性只会妨碍倾听，导致僵化死板与绝望的恶性循环。相反，当你体验到修复错位的喜悦时，你就会充满希望，并且带着好奇心去倾听他人，在这样的良性循环中，你会不断成长，与人建立更深刻的联结。在容许错位与修复存在的关系里，会产生基本的希望感，这种希望感会给人放弃确定性的勇气。如果人们拥有希望，就能敞开心扉，真正地倾听彼此。然后，他们就可以一起想出创造性的方法，来解决大大小小的问题。

在新的关系中治愈童年早期的创伤

在一场近期的演讲中，一位年轻的女士问了我们一个有趣的问题。她提到自己的母亲患有严重的精神疾病，而且父亲在情感上是缺位的，因此多年以来，她经历了许多未经修复的错位，于是她问道："我需要回到父母身边去修复这些问题吗？或者，我可以从这里开始建构新的意义吗？"修复过去的错位，就像回首去看一条崎岖不平、坑坑洼洼，甚至不可通行的道路。我们可以感受到这位年轻女士身上的压力，她觉得自己必须去面对过去她不愿回想，甚至无法回想起来的事情。

对于这位女士的问题，解决之道本身就充满了混乱。新的道路上也会有艰难险阻。对于任何想要摆脱童年期不良经历、治愈自我的人来说，都必须在当下不断地经历修复的过程。在新的关系里，你获得的疗愈能让你对自己产生不同的理解。这些新的意义会进一步告诉你，如何将自己的早期生活经历融入新的、更清晰的自我意识中去。你可以从那些经历中得出不同的意义，而不是固守愤怒与伤痛的意义。通过你当前生活中更深、更混乱的关系，你为童年期不良经历赋予的新意义能够让你获得新的疗愈机会。

几十年的"静止脸"研究和临床实践告诉我们，融入世界、接纳混乱，能为我们提供无数新的修复的机会——修建新的道路网络的机会。如果人们能在新的关系中建构新的意义，他们就能治愈过往关系中的创伤。即便人们在早期的关系里缺乏修复错位的机会（无论是由于修复错位所需的时间过长，多次错位得不到修复，还是缺乏错位的经历），他们都可以找到新的生活方式，建构新的意义。

我们的文化崇尚立竿见影的建议和解决之道，不愿容忍不确定性，不重视修复错位，也不提倡用创造性的办法解决问题。如果你不愿接纳成长中常有的混乱与无序，你就可能变得思维僵化、心怀畏惧。如果你在生活中执着地追求确定性，不敢冒险，你就会错过成长的机会。当今社会充斥着焦虑和抑郁情绪，在年轻人中，这样的情绪就更多了，其中的部分原因，可能是人们怀有不切实际的期望，不惜一切代价地回避困境。我们当中的很多人都有这样的错觉：如果事情清晰明了，一切尽在预料之中，那就再好不过了。但是，抵制不可避免的波折会让人无法改变和进步，也无法发现新事物。

对于复杂的问题，简单的答案可能会提供一些确定性，给人带来片刻的慰藉。但从长期来看，这样会妨碍你的健康成长。与其在绝望中止步不前，不如让自己体验从错位到修复的过程，从而摆脱困境。如果你能带着好奇心去倾听他人（你不会每次都知道答案，也不会每次都把事情做对），你就能与他们建立联结，并重拾希望。

第 11 章

在错位中找到联结与归属感

在一次教育工作者的研讨会上，正当安东尼发表题为"好奇地倾听"的演讲时，他注意到前排有一个小女孩在一位女士的大腿上坐立不安。显然，这位观众没能找到临时看管孩子的保姆，才会把女儿带来。在问答环节中，他惊讶地发现这个孩子把小手举了起来，他想借此机会来示范这个演讲的主题。小女孩问："可以再给我一些蜡笔吗？"安东尼停顿了一下，稍加思考，然后问了一个问题："你现在有多少支蜡笔？"小女孩很高兴自己也能参与大人的谈话，她张开双臂，高兴地叫道："好多呢！"然后她继续去给图片涂色了。显然，她对自己的问题的答案并不那么感兴趣，她更感兴趣的是被允许参与大家的活动。听到演讲者对她的问题感兴趣，她也就心满意足了。

对于其他观众来说，这个 3 岁小孩的问题听起来可能很幼稚，演讲者根本没法回答这个问题。这个问题不是该问她的母亲吗？演讲者在台上给成年人做专业性的演讲时，怎么会有蜡笔呢？但是，安东尼没有用不屑一顾的态度来回应，也没有因为要给出答案而感到压力，而是用了一种有趣的方式来表达自己不知道。他不仅对小女孩的问题感到好奇，也对她提问的动机感到好奇。她是真的想要更多的蜡笔，还是只想参与大家的活动？安东尼弄清楚了小女孩的意图，小女孩表现出的喜悦之情让全体观众感到振奋，于是大家对安东尼报以赞赏的掌声和笑声。安东尼在演讲中谈到了许多经验教训，供观众在工作中采用，但许多人对这一刻的记忆，却比对演讲的记忆更加深刻。

许多年前，布雷泽尔顿医生在查房时，会花时间和父母待在一起，倾听婴儿最早的表达，他对待新生儿的这种方式，告诉我们如何在日常互动中加入有趣的不确定性。他认识到，父母和新生儿不会立即了解彼此的意图。布雷泽尔顿医生在互动中留出了空间，让他得以探索婴儿的意图，或者用我们的话来说，让他得以探索婴儿行为背后的意义。受布雷泽尔顿医生的启发，我们最终发现，在我们不了解彼此的意图时，如果我们能创造一个充满乐趣的空间，努力克服无数的误解，最终实现相互理解，那我们就能建立健康、稳固的关系的基石。

如果你在沟通中发现伴侣执着于某种确定性，就会有一种"不被看见"的体验，这种感觉就像婴儿看见母亲那张难以理解的"静止脸"一样。在实验中，这种体验是暂时的。在真实的社会互动中，确定性的态度打断了错位与修复的混乱过程。如果陷入了一场有问题的互动，那么你就需要停下来，花一些时间去留意对方的深层意图和动机。你的伴侣是否因为漫长而紧张的工作日而感到疲惫？他是否在为生病的朋友担心？尽管伴侣和你的看法不一样，但他有没有可能是对的？思考自己的意图也同样重要。你为什么会坚持某种观点？除了直接交流的内容之外，这个问题对你还有什么意义？你把哪些其他时期、其他关系中的意义带到了当下？

在你的人际关系和更大的社交世界中，你可能已经失去了"游戏"的能力。如果你能在互动中加入"游戏"的元素，带着"不知道他人想法"的固有的不确定性去和对方交流，你就能开始真正看到对方。在当今世界，许多人都觉得自己没有被看见、被听见。如果我们能接纳不确定性，去真正了解他人，了解他们从出生到老年的经历，我们就能建立一个让所有人都觉得被认可、有归属感的社会。

从出生开始的倾听

当新生儿在学习适应外部世界时，他们的大脑每秒钟能建立多达 100 万条神经联结。在父母和孩子最早的互动瞬间里，婴儿的自我意识和父母的新身份认同就开始形成了。在这个过程中，关系会不断建立并发生变化。在婴儿出生后的最初几天里，正常的无序状态、激素水平的变化，以及常有的、无法用语言形容的

209

恐惧，会共同创造一个特别有利于改变的空间。

在"新生儿行为观察系统"和"新生儿重症监护室网络神经行为量表"的临床应用中，我们能看到布雷泽尔顿与父母和新生儿相处的方法。这两种观察方法都使用了布雷泽尔顿的红球、小拨浪鼓和手电筒，这些工具能让婴儿讲述自己的故事。布雷泽尔顿的方法和工具，为父母提供了一种示范，让他们得以尽早了解自己的孩子。如果我们能拿出时间来倾听父母和婴儿，我们就能传达一种理念：世界上没有所谓"正确的做法"，相反，他们会一起想出解决问题的办法。这两种观察方法都说明了婴儿是如何带着他们自己的是非观来到这个世界的。当父母和孩子一起共渡难关时，他们几乎总能想出绝妙的解决办法，而这要比专家强加给他们的办法好得多。

比如说，当研究者和医生用这些工具观察熟睡的婴儿时，他们发现，有些婴儿会在他们摇晃拨浪鼓一两次之后就不再理会拨浪鼓的声音，以确保自己安然入睡；有些婴儿在每次听到拨浪鼓的声音的时候都会惊醒，甚至在重复了 10 次以后仍然如此。后一种婴儿的表现，说明他们会对世界做出强烈的反应。对于许多睡眠不足的父母来说，如果他们认为孩子睡眠不好是自己的"错"，他们就可能会陷入抑郁。观察婴儿的行为，能为我们提供时间和空间，去重新解读婴儿行为背后的意义。婴儿的本意不是要说**"你是个坏妈妈"**，而是在说**"我喜欢安静的空间"**。这些新的意义可以帮助父母修复这种错位。柔和的声音、昏暗的灯光和轻柔的音乐都能让婴儿平静下来，缓解被惊醒的影响。这样的修复行为也能增强父母的信心，鼓励他们去设法支持这个易受惊扰的孩子。这样一来，父母与孩子就能在一次次的互动中建立稳固的关系。

如果护士、医生和其他专业工作者肯花时间和父母一起倾听新生儿的交流，他们就为新手父母提供了一个表达困难情绪的机会，而这些情绪要是得不到表达，就可能会妨碍父母看见孩子的真我。在医院里，我们花了 20 分钟，与米凯拉一起去认识她的孩子亚伦，米凯拉向我们倾诉了她的担忧，她担心自己的孩子会是个"陌生人"。因为她此前一直受困于一种文化意象：在孩子出生的时候，母亲就应该与孩子建立完美的情感联结，幸运的是，她能表达自己的恐惧。一旦把这些可怕的想法讲出来，它们的控制力就减弱了，让她终于有空间看看孩子的真实面目。当我们问她在亚伦身上看出了什么的时候，她很惊讶地告诉我们："他喜欢我把他抱起来，靠在我的肩上，他也喜欢在躺着的时候动来动去。他好像不喜欢被裹起来。"她对自己的孩子已经有了这么多的了解！几周之后，当我们再次看见亚伦和米凯拉的时候，她眼里含着泪水，声音沙哑地说："我能对他说'我爱你'了，而且我知道我是真心的。"

在新手父母身上，米凯拉表达的这种矛盾情绪是常见的。但是，如果环境不允许父母表达这些情绪，就可能导致一种恶性循环：父母会深陷自我怀疑和内疚的情绪，致使他们误解孩子，与孩子失去联结。这些情绪是忧郁的，但也是正常的。如果令人羞耻的文化禁忌让人不得不把这些情绪隐藏起来，随着时间的推移，这些情绪就会不断地在亲子互动中产生扭曲的意义。

如果我们关于自身的意义源于我们最初的关系，那么，为了建立健康的社会，我们最好从一开始就密切关注这些关系。

关注最初的关系

有一个社区坐落于波士顿西部，距市中心很远，但仍然属于马萨诸塞州。为了将保护不确定性的开放空间的理念带给大家，这个社区找到了一些创造性的方法。我们提出了一项倡议，在当地各个组织的支持下，让许多与父母和婴儿工作的专业人士都去学习布雷泽尔顿医生的游戏观察法，着重观察婴儿与生俱来的交流能力。因为每个婴儿在来到世界上的时候，都有其独特的沟通方式。为人父母是一种重大的转变，这一过程往往还充满了混乱。这个项目强调了支持父母的必要性，希望能在这一过渡期利用好父母天然的专长。

在 2016 年 11 月的一个风雨交加的晚上，我们在南伯克希尔郡的郊外的费尔维尤医院与产科护士召开了一次会议，这次会议标志着后来的"你好，是我"（Hello It's Me）项目 [131] 的开始。这个项目把产科护士及其他与父母和婴儿一起工作的专业人员的力量集中到了一起。

这里的 10 名护士每年大约要为 200 名产妇接生。她们挤在这个小小的患者休息室里，急切地分享着自己在看到那些陷入困境的家庭时的无助。她们经常束手无策，只能把这些人送回家，并祈祷一切都会好起来。她们全神贯注地听完了我们的讲座，对支持父母和新生儿的新方法很感兴趣。

大约 6 个月后，在一个春天的周末，天气在两天里发生了急剧的变化，突然从冰天雪地变成了晴空万里。同一批护士和儿科医生、家庭医生、其他护理工作者、早期干预专家、儿童保育工作者、哺乳顾问等都参加了为期两天的培训课，重点学习了如何通过观察新生儿的行为来为好奇心和不确定性创造空间。虽然在保育的医学模式下，专业人员往往充当了专家的角色，但我们希望转变思维方式，发挥父母的独特能力，引导父母关注并回应他们的婴儿。

"你好，是我"项目现在已经向北发展到了皮茨菲尔德及周边地区。皮茨菲尔德是伯克希尔郡最大的城市，为我们提供了一个对比研究的机会。这里有一个文化气息浓厚的社区，自然风景秀美，却也有着贫穷、暴力，以及日益严峻的阿片类药物泛滥的危机。伯克希尔医疗中心是当地的一家医院，每年有超过 700 名产妇在此分娩。在这里，陷入危机的家庭数量也在急剧增加，有阿片类药物戒断反应的新生儿数量增加了 300%。社会经济地位各异的家庭世世代代都在与精神疾病、物质滥用或者其他童年期不良经历作斗争。

帕蒂是在同一个单位工作了几十年的护士之一。她在周末的培训中告诉我们，她曾目睹过许多有问题的家庭关系一代代地传递下去。"现在，"她说，"我心里充满了希望，下一代人一定会走上不同的道路。"

种下希望的种子

无论我们如何看待自己——充满希望地、有同理心地，或者绝望地、害怕地、封闭地，这些解读会在无数个互动的瞬间里不断地发展。显然，在婴儿出生时所做的一系列简短的观察，不足以改变孩子或家庭的生活历程。用我们的同事洛乌·桑德的话来说，这种观察只是许多**"相遇的时刻"**中的第一个。

帕蒂用了**"充满希望"**这个词来描述自己的感受。在那间闷热、狭小的产科病房休息室里，我们第一次见面时的气氛却相当绝望。转眼之间一年过去了，在另一次会议上，费尔维尤的护士们兴奋地讨论着她们要在即将到来的全国护理研讨会上做的演讲。她们非但没有感到绝望，反而有了一种行之有效的办法——和父母及其他照料者一起观察婴儿。

她们提到了一位名叫贝萨妮的母亲，她在怀有身孕的时候就被孩子的父亲抛弃了。她对自己成为单身母亲感到悲伤和恐惧，无法和自己正在成长的婴儿建立太多的联结。在孩子查理出生的时候，贝萨妮对喂养他没什么兴趣。查理是个安静的孩子，他不会尖叫着让母亲来满足自己的需求，而是会沉睡过去。这对母婴之间的差异可能是一种严重的错位。当护士们发现他面临的危险

（无法成长）时都很担忧。她们耐心地向贝萨妮展示，查理会把身体翻转 90 度来寻找她的声音。她们告诉贝萨妮，只要她把手放在查理胸前，就可以让他停止乱动，平静下来。当贝萨妮惊喜地发现"我的宝宝认识我"时，她就会开始在晚上设置闹钟，提醒自己去给查理喂奶。

这些"相遇的时刻"给了护士们支持的力量，让她们能更好地帮助陷入困境、脆弱的家庭，也为她们的工作注入了新的能量和希望。在全国护理研讨会上，这些护士向她们的同行介绍了她们的经验，她们强调了开放性游戏中的不确定性所具有的复杂意义。[132] 她们认为，错误是照料新生儿的过程中所不可避免的、必要的一部分，并将她们的干预方法称为"一种为父母赋能的工具"，这使得我们能够把关注点从护士转移到父母身上，让父母成为照料自己婴儿的专家。

在最初培训一年后的另一场当地会议上，费尔维尤妇产科的护士们看到了"静止脸"研究的视频。几个月后，当我们再次拜访产科病房时，护士们告诉我们，"静止脸"范式给她们的工作带来了第二次巨大的转变。她们再次看到了婴儿建立联结的强大能力，以及这种联结一旦失去，可能会造成怎样的潜在伤害。

在介绍自己工作经验的过程中，布雷泽尔顿医生去过许多饱经战火的国家，当眼前的惨状让他难以承受的时候，他就会去看望新手妈妈和她们的孩子。他会花时间倾听母子间的交流，然后就会重新燃起希望。请想象一下，如果整个社区的人都像这一小群护士一样，被母亲和新生儿之间充满希望、饱含意义的联结所感动，那会是一番怎样的景象。从错位到修复的无数个瞬间，不仅仅能为母亲和婴儿持续地注入希望，更重要的是，对于每一名护士、整个护士社群以及整个医院来说，这种希望都是有意义的。这些有意义的互动可能对整个社区产生深远的影响。在这段宝贵的时间里，为了支持从错位到修复的过程，护士们不带评判的倾听可以成为希望的源泉和培育健康社区的种子。

我们不应该把布雷泽尔顿与父母和新生儿打交道的方式当作一个复杂问题的简单解决办法。我们可以把它当作一种接纳所有关系中的不确定性（混乱）的示范。在从错位到修复的过程中，我们能发展出信任的基础，这样一来，我们就能理解他人的感受了。

用"静止脸"范式重建联结

在当今的社会里，人们极易固守僵化的立场，任由恐惧主导他们的社会互动。同理心早已消失不见了。他们失去了克服困难并一同体验修复的机会，也失去了推动他们前进的力量之源。

某个地区偏好用萨尔萨辣酱拌农场的新鲜蔬菜吃，这种饮食喜好让一位 2020 年的美国总统候选人备受争议。有一篇讨论该话题的文章称："高达 43% 的受访者表示他们从未尝试过这种组合，也永远不会尝试。"[133] 也就是说，接近一半的人给出了确定的答案。这个故事可能有些滑稽之处，能激活人们的迷走神经，有助于建立联结，但它传达的信息既严肃又发人深省。当今的世界上弥漫着一种对差异的恐惧，这种恐惧很危险。然而，由不同种族、性别和性取向组成的混乱和多元化的社会，才是美国的核心力量。如果我们能通过倾听来理解彼此，克服差异必然会带来的错位，那么修复的力量就能赋予我们走向伟大的潜能。

《纽约时报》专栏作家大卫·布鲁克斯（David Brooks）在他的专栏文章"这个国家的婚姻该如何破镜重圆"[134]（How to Repair the National Marriage）中，将困扰美国社会的两极分化的观点比作陷入困境的婚姻。他翻遍了最近出版的许多关于婚姻的书，试图寻找解决当前困境的办法。本书的读者应该对他的结论感到熟悉："俗话说得好，摆脱混乱的唯一方法，就是让自己投入其中。"

布鲁克斯的文章在网上得到了将近 700 条评论，其中有许多评论都说明了人们在相互倾听时会遇到的麻烦，这表明人们没有准备好运用布鲁克斯的比喻来看待当前的政治形势。成年人之间的分歧太大了。为了练习倾听，也许我们需要把对方想象成婴儿，有些人得到了被倾听的机会，有些人却没有。"静止脸"研究的视频让我们深切地体会到了母亲和婴儿的感受，这种深度是文字无法企及的。我们经常听到来自各行各业、世界各地的人们描述"静止脸"实验如何改变了他们对联结和隔阂的本质的理解。不光是许多父母，还有许多专业人员向我们申请使用这段视频。这些专业人士希望把这段视频用于心理健康诊所、儿童保育中心甚至执法机构。

在人们越来越疏离的时代，"静止脸"范式可以帮助我们重建联结。母亲和婴儿都有着一套自己的意义、意图和动机，他们可以努力从错位走向修复，一起发现新的意义。在这个过程中，他们的联结会更加深厚。我们需要向他们学习，追随他们的脚步。在生活中，如果你发现自己和别人有着不同的意图、动机和意义，请不要退缩，请参与到互动中来，寻找修复的方法，就像那些婴儿和母亲一样。只有这样，我们的社会才能成长。

如果能有更多的人理解"静止脸"范式的启示，我们就能更好地养育孩子、处理夫妻关系，并且在生活、工作和尽公民义务时与他人更好地交流。"静止脸"范式改变了我们对创伤、复原力以及心理治疗过程本质的理解。"静止脸"范式还强调了关注婴儿与父母的重要作用，这将影响社会政策的制定。

在播客"存在"[135]（On Being）的一期节目中，主持人克丽丝塔·蒂皮特（Krista Tippett）与历史学家琳赛·斯通布里奇（Lyndsey Stonebridge）讨论了"宽恕的文化"。斯通布里奇解释道："一个成熟的政治共同体需要有宽容的能力，能够接纳错误。人人都会犯错。"蒂皮特进一步阐述了这个理念，她说："这样我们才能接纳现实的复杂性。现实总是混乱的。"

我们的归属感并非来自僵化的立场，而是来自混乱的人际互动。如果我们能带着好奇心去倾听别人的故事，而不总是坚持认为问题一定有一个正确的答案，那么我们就能建立一个相互联结的社会。我们都是独特的个体，始终会有不同的动机和意图。如果我们能参与到理解彼此的混乱过程中来，我们就能一起成长和改变。这样一来，我们就能更好地为接下来不可避免的隔阂和修复做准备。在处理所有关系的时候，无论是父母与孩子，还是成年人（特指尚无孩子的成年人）与父母、配偶、兄弟姐妹、朋友、同事之间的关系，我们都需要牢记这一点：不要害怕分歧、犯错、与人产生摩擦，要允许波折的存在。但是，要找到修复和重建联结的方法，找到克服困境的出路。

重新建构意义需要耐心、时间和探索。当我们不知道何去何从的时候，我们需要允许自己待在困境之中。这种状态可能不太好受，有时甚至很痛苦。但人生的奇妙之处就在于，当我们从固守确定性的焦虑中解脱出来的时候，我们就能学会信任彼此，相信当事情出错的时候，我们有能力解决问题。只有这样，我们才能化解两极分化的冲突，灵活思考，发挥创造力，携手共建一个更加健康的世界。

致　　谢

　　一起写作本书的过程就是一次理清混乱关系的练习。我们聪明、善良又充满耐心的经纪人莉萨·亚当斯（Liza Adams）和我们一起经历了一个混乱的过程，把两位作者各自的文稿整合成了一个连贯一致的整体。在她的指导下，我们把出版计划改了一遍又一遍，然后她带着我们找到了利特尔＆布朗出版社（Little, Brown Spark）。在那里，我们优秀的编辑玛丽萨·维吉兰特（Marisa Vigilante）一直支持着我们，她在阅读我们的作品时提供了许多宝贵的建议。我们的自由编辑琼·贝纳姆（Joan Benham）总能准确地理解我们想要表达的内容，并通过她出色的编辑工作，帮助我们将自己的语言转换成了清晰易懂的文字。

　　我们要感谢关系研究领域的领军人物，他们一直深深影响着我们。在无数个错位与修复的瞬间，鲍勃·派尔斯（Bob Pyles）和杰里·弗罗姆（Jerry Fromm）总能耐心地倾听我们。T. 贝里·布雷泽尔顿教会了我们重视混乱，杰罗姆·布鲁纳则教会了我们如何建构意义。他们的谆谆教诲依然会在我们的耳边响起。我们的许多同事，包括比阿特丽斯·毕比（Beatrice

Beebe）、玛乔丽·比格利（Marjorie Beeghly）、杰夫·科恩（Jeff Cohn）、彼得·福纳吉、安迪·贾尼诺（Andy Gianino）、布鲁斯·佩里、斯蒂芬·波格斯、洛乌·桑德、阿丽埃塔·斯莱德（Arietta Slade）、南希·斯尼德曼以及凯瑟琳·温伯格（Katherine Weinberg）都对我们理念的形成做出了重要的贡献。

在过去的 16 年里，马萨诸塞大学波士顿亲子心理健康认证项目的教职员工多萝西·理查森（Dorothy Richardson）、玛丽莲·达维利耶（Marilyn Davillier）、亚历克斯·哈里森（Alex Harrison）、西尔维娅·华雷斯 - 马拉佐（Silvia Juarez-Marazzo）、克丽斯蒂·勃兰特（Kristie Brandt）以及所有波士顿和纳帕的研究员，一直以他们的坚韧、创造力和友爱鼓舞和支持着我们。在他们的陪伴下，我们始终充满了力量。

对于我们在临床与研究工作中遇到的许多家庭，我们始终心怀感激。他们慷慨地欢迎我们走进他们的生活，并成为我们最伟大的老师。

最后，我们要感谢我们各自的生活伴侣玛丽莲和乔。在我们处于混乱中的时候，他们给了我们许多智慧、指引和无尽的欢乐。他们两人都是擅长修复的大师。

注　释

前言：起源

1 **standardized diagnostic assessments for attention deficit hyperactivity disorder**: The practice used the Vanderbilt ADHD diagnostic ratings scales; see *Caring for Children with ADHD: A Resource Toolkit for Clinicians* (Itasca, IL: American Academy of Pediatrics, 2011).

2 **what Winnicott termed the *true self***: D. W. Winnicott, *The Maturational Processes and the Facilitating Environment: Studies in the Theory of Emotional Development* (New York: International Universities Press, 1965), 140–52.

3 **my first book, *Keeping Your Child in Mind***: Claudia M. Gold, *Keeping Your Child in Mind: Overcoming Defiance, Tantrums, and Other Everyday Behavior Problems by Seeing the World Through Your Child's Eyes* (Boston: Da Capo, 2011).

4 **When I looked at the program website**: See https://www.umb.edu/academics/cla/psychology/professional_development/infant-parent-mental-health.

5 **This scene comes from a videotape of a psychological experiment**: See https://www.youtube.com/watch?v=apzXGEbZht0.

6 多数研究对象都是母亲，所以，尽管研究的结论可用于所有的关系，但在描述实验的时候，我们通常会用"母亲"这个词。

7 **I set up the first still-face experiment**: E. Tronick et al., "The Infant's Response to Entrapment Between Contradictory Messages in Face-to-Face Interaction," *Journal of the American Academy of Child*

Psychiatry 17, no. 1 (1978).

8 **we asked pairs of adults:** E. Z. Tronick, "Why Is Connection with Others So Critical?," in *Emotional Development,* ed. J. Nadel and D. Muir (Oxford: Oxford University Press, 2005), 293–315.

9 **proclaimed that he planned to study love:** Harry Harlow, "The Nature of Love," *American Psychologist* 13 (1958): 673–85.

10 **He found that babies with fake mothers:** G. C. Ruppenthal et al., "A Ten-Year Perspective of Motherless Mother Monkey Behavior," *Journal of Abnormal Psychology* 85 (1976): 341–49.

11 **I designed a low-tech experiment:** W. Ball and E. Tronick, "Infant Responses to Impending Collision: Optical and Real," *Science* 171 (February 1971): 818–20.

12 **the process by which babies make sense of the world:** Jerome Bruner, *Acts of Meaning* (Cambridge, MA: Harvard University Press, 1990).

第 1 章　关系的修复是一种精神食粮

13 **Previous infant research had reflected the assumption:** J. Cohn and E. Tronick, "Mother-Infant Face-to-Face Interaction: The Sequence of Dyadic States at Three, Six, and Nine Months," *Developmental Psychology* 23 (1987): 68–77.

14 **In subsequent frame-by-frame analysis:** E. Tronick and A. Gianino, "Interactive Mismatch and Repair: Challenges to the Coping Infant," *Zero to Three* 6, no 3. (February 1986): 1–6.

15 **We drew on observations from typical interactions to get a clear picture:** F. E. Banella and E. Tronick, "Mutual Regulation and Unique Forms of Implicit Relational Knowing," in *Early Interaction and Developmental Psychopathology,* ed. G. Apter and E. Devouche (Cham, Switzerland: Springer, 2017).

16 **the term we borrowed from Jerome Bruner:** Jerome Bruner, *Acts of Meaning* (Cambridge, MA: Harvard University Press, 1990).

When we performed the experiment with parent-infant dyads:

17 E. Tronick, *The Neurobehavioral and Social-Emotional Development of Infants and Children* (New York: W. W. Norton, 2007), 274–92, 322–38.

18 **Louis Sander, psychoanalyst and pioneer of infant research:** Louis

Sander, "Regulation of Exchange in the Infant Caretaker System: A Viewpoint on the Ontogeny of 'Structures,'" in *Communicative Structures and Psychic Structures*, ed. N. Freedman and S. Grand (Boston: Springer, 1977), 1–34; Louis Sander, "Thinking Differently: Principles of Process in Living Systems and the Specificity of Being Known," *Psychoanalytic Dialogues* 12 (2002): 11–42; https://doi.org/10.1080/10481881209348652.

19 described what he called an *open space*: Sander, "Thinking Differently," 38.

20 the still-face experiment with fifty-two infants and their mothers: A. Gianino and E. Tronick, "The Mutual Regulation Model: The Infant's Self and Interactive Regulation and Coping and Defensive Capacities," in *Stress and Coping*, ed. T. Field, P. McCabe, and N. Schneiderman (Hillsdale, NJ: Lawrence Erlbaum Associates, 1988), 47–68.

21 We gained a new level of insight into the significance of our original findings: C. Reck et al., "The Interactive Coordination of Currently Depressed Inpatient Mothers and Their Infants During the Postpartum Period," *Infant Mental Health Journal* 32, no. 5 (2011): 542–62; E. Tronick and M. Beeghly, "Infants' Meaning-Making and the Development of Mental Health Problems," *American Psychologist* 66, no. 2 (2011): 114–15.

22 This shared experience is well captured by the phrase *moment of meeting*: Sander, "Regulation of Exchange," 15.

23 Open dynamic systems theory describes how all biological systems: Tronick and Beeghly, "Infants' Meaning-Making," 107–19.

24 In his book *A Brief History of Time*: Stephen Hawking, *A Brief History of Time* (New York: Bantam, 1988), 124–25.

25 a particular gene may lead to depression: M. Potiriadis et al., "Serotonin Transporter Polymorphism (*5HTTLPR*), Severe Childhood Abuse, and Depressive Symptom Trajectories in Adulthood," *British Journal of Psychiatry Open* 1, no. 1 (September 2015): 104–9.

26 Dutch Hunger Winter of 1944: T. Roseboom et al., "Hungry in the Womb: What Are the Consequences? Lessons from the Dutch Famine," *Maturitas* 70, no. 2 (2011): 141–45; https://linkinghub.elsevier.com/retrieve/pii/S0378512211002337.

27 One long-term follow-up study of men: P. Ekamper et al., "Independent and Additive Association of Prenatal Famine Exposure and Intermediary Life Conditions with Adult Mortality Between Age 18–63 Years," *Social Science and Medicine* 119 (2014): 232–39.

28 **Rachel Yehuda of the Icahn School of Medicine at Mount Sinai:** R. Yehuda et al., "Vulnerability to Posttraumatic Stress Disorder in Adult Offspring of Holocaust Survivors," *American Journal of Psychiatry* 155, no. 9 (September 1998): 1163–72.

29 **what Winnicott termed a *position of dependency*:** D. W. Winnicott, *The Maturational Processes and the Facilitating Environment: Studies in the Theory of Emotional Development* (New York: International Universities Press, 1965), 141.

30 **Eric's story of healing is confirmed by psychotherapy research:** J. D. Safran, J. C. Muran, and C. Eubanks-Carter, "Repairing Alliance Ruptures," *Psychotherapy* 48, no. 1 (2011): 80–87; http://dx.doi.org/10.1037/a0022140.

31 **Psychoanalyst Leston Havens:** Leston Havens, "The Best Kept Secret: How to Form an Effective Alliance," *Harvard Review of Psychiatry* 12, no. 1 (2004): 56–62.

32 **Meaning-making occurs across a continuum:** E. Tronick and B. D. Perry, "The Multiple Levels of Meaning Making: The First Principles of Changing Meanings in Development and Therapy," in *Handbook of Body Therapy and Somatic Psychology,* ed. G. Marlock et al. (Berkeley, CA: North Atlantic Books, 2015), 345–55.

33 **"Love and work are the cornerstones of our humanness":** Letter to Marie Bonaparte, quoted in Ernest Jones, *The Life and Work of Sigmund Freud,* vol. 2 (New York: Basic Books, 1955).

第 2 章　目标：足够好的而不是完美的关系

34 **video from an experiment using the still-face paradigm:** M. Weinberg et al., "A Still-Face Paradigm for Young Children: 2½-Year-Olds' Reactions to Maternal Unavailability During the Still-Face," *Journal of Developmental Processes* 3, no. 1 (2008): 4–20.

35 **"What is the normal child like?":** D. W. Winnicott, *The Collected Works of D. W. Winnicott,* vol. 3, ed. L. Caldwell and H. Taylor Robinson (Oxford: Oxford University Press, 2017), 45.

36 **psychoanalyst Steven Cooper:** Steven H. Cooper, "An Elegant Mess: Reflections on the Research of Edward Z. Tronick," *Psychoanalytic Inquiry* 35, no. 4 (2015): 337–54; https://doi.org/10.1080/07351690.2015.1022477.

37 **"one of the basic rules of the universe"**: *Into the Universe with Stephen Hawking*, documentary, Discovery Channel, released April 25, 2010.

38 **This behavior is the result of an immature brain**: Kate Wong, "Why Humans Give Birth to Helpless Babies," *Observations* (blog), *Scientific American*, August 28, 2012; http://blogs.scientificamerican.com/observations/why-humans-give-birth-to-helpless-babies/.

39 **"ordinary devoted mother"**: D. W. Winnicott, *Winnicott on the Child* (Cambridge, MA: Perseus, 2002), 12–18.

40 **the *good-enough mother***: D. W. Winnicott, *Playing and Reality* (New York: Routledge Classics, 2005), 14.

41 **"Taken for granted here"**: Ibid., 187.

42 **"I would rather be the child of a mother"**: Winnicott, *Winnicott on the Child*, 102.

43 **his book *Touchpoints***: T. B. Brazelton and J. Sparrow, *Touchpoints: Birth to Three*, 2nd ed. (Cambridge, MA: Da Capo, 2006), xx.

44 **Google search for the term *perfectionism***: S. Sherry and M. Smith, "Young People Drowning in a Rising Tide of Perfectionism," Medical Xpress.com, February 6, 2019; https://medicalxpress.com/news/2019-02 -young-people-tide-perfectionism.html.

45 **Multidimensional Perfectionism Scale**: P. L. Hewitt et al., "The Multidimensional Perfectionism Scale: Reliability, Validity, and Psychometric Properties in Psychiatric Samples," *Psychological Assessment* 3, no. 3 (1991): 464–68; http://doi.org/10.1037/1040-3590.3.3.464.

46 **One study demonstrated a 33 percent increase**: T. Curran and P. Andrew, "Perfectionism Is Increasing over Time: A Meta-Analysis of Birth Cohort Differences from 1989 to 2016," *Psychological Bulletin*, December 28, 2017.

47 **The study's lead author told the *New York Times***: Jane Adams, "More College Students Seem to Be Majoring in Perfection," *New York Times*, January 18, 2018; https://www.nytimes.com/2018/01/18/well/family/ more-college-students-seem-to-be-majoring-in-perfectionism.html.

48 **Parenting expert Katie Hurley**: Katie Hurley, *No More Mean Girls: The Secret to Raising Strong, Confident, and Compassionate Girls* (New York: Penguin, 2018), 97.

49 **Developers of the perfectionism scale**: P. L. Hewitt and G. L. Flett, "Perfectionism in the Self and Social Contexts: Conceptualization, Assessment, and Association with Psychopathology," *Journal of Personality and Social Psychology* 60 (1991): 456–70; doi: 10.1037/0022-3514.60.3.45.

50 *holding environment*: D. W. Winnicott, *The Maturational Processes and the Facilitating Environment: Studies in the Theory of Emotional Development* (New York: International Universities Press, 1965), 49.

第 3 章　制造混乱的安全感

51 **video of a six-month-old**: E. Tronick and M. Beeghly, "Infants' Meaning-Making and the Development of Mental Health Problems," *American Psychologist* 66, no. 2 (2011): 109–10.

52 **Stephen Porges, a neuroscientist**: Stephen Porges, *The Polyvagal Theory: Neurophysiologic Foundations of Emotions, Attachment, Communication, and Self-Regulation* (New York: W. W. Norton, 2011).

53 **"social engagement system emerges from a heart-face connection"**: Stephen Porges, *The Pocket Guide to the Polyvagal Theory* (New York: W. W. Norton, 2017), 147.

54 **Research demonstrates that loneliness increases**: J. House, K. Landis, and D. Umberson, "Social Relationships and Health," *Science* 241, no. 4865 (1988): 540–45.

55 **article in the *Daily Telegraph***: Hannah Furness, "Prince Harry: I Sought Counselling After 20 Years of Not Thinking About the Death of My Mother, Diana, and Two Years of Total Chaos in My Life," *Daily Telegraph*, April 19, 2017; https://www.telegraph.co.uk/news/2017/04/16/prince-harry-sought-counselling-death-mother-led-two-years-total/.

56 **"Heads Together"**: See https://www.headstogether.org.uk/.

57 **Nancy Snidman and Jerome Kagan**: J. Kagan et al., "The Preservation of Two Infant Temperaments into Adolescence," *Monographs for the Society for Research in Child Development* 72, no. 2 (2007): 1–75.

58 **singing and playing a wind instrument**: Porges, *The Polyvagal Theory*, 253.

59 **Circle of Security**: See https://www.circleofsecurityinternational.com/.

60 **children's song "Baby Shark"**: A. J. Willingham, "Baby Shark Has Taken over the World. Here's Who's Responsible," CNN.com, January 15, 2019; https://www.cnn.com/2019/01/15/entertainment/baby-shark-pinkfong-song-trnd/index.html.

61 **"Singing requires slow exhalation"**: Porges, *Pocket Guide to the Polyvagal Theory*, 25.

第 4 章 停止指责

62 **Winnicott's writing on the capacity to be alone:** D. W. Winnicott, *The Maturational Processes and the Facilitating Environment: Studies in the Theory of Emotional Development* (New York: International Universities Press, 1965), 30–33.

63 **We observed variation when we analyzed videotapes:** M. K. Weinberg et al., "Gender Differences in Emotional Expressivity and Self-Regulation During Early Infancy," *Developmental Psychology* 35 (1999): 175–88.

64 **an adult still-face demonstration:** Sue Johnson and E. Tronick, "Love Sense: From Infant to Adult," DrSueJohnson.com, February 5, 2016; http://drsuejohnson.com/uncategorized/love-sense-from-infant-to-adult/.

65 **J. Ronald Lally:** J. Ronald Lally, "The Human Brain's Need for a 'Social Womb' During Infancy," For Our Babies Campaign, April 2014; https://forourbabies.org/wp-content/uploads/2014/04/The-Human-Brains-Need-for-a-Social-WombFINALApril2014.pdf.

66 **scene by a lake on a hot and sunny afternoon:** Claudia M. Gold, *Keeping Your Child in Mind: Overcoming Defiance, Tantrums, and Other Everyday Behavior Problems by Seeing the World Through Your Child's Eyes* (Boston: Da Capo, 2011), 58.

67 **co-creation of meaning:** E. Tronick, "Emotions and Emotional Communication in Infants," *American Psychologist* 44, no. 2 (1989): 113.

68 **divide mothers and babies into two groups:** E. Tronick, "An Acute Maternal Stress Paradigm" (manuscript in preparation).

69 **genes associated with behaviors of impulsivity:** M. Nikolas et al., "Gene × Environment Interactions for ADHD: Synergistic Effect of 5HTTLPR Genotype and Youth Appraisals of Inter-Parental Conflict," *Behavioral and Brain Functions* 6 (2010): 23; https://behavioraland brainfunctions.biomedcentral.com/articles/10.1186/1744-9081-6-23.

70 **Lynne Murray and Peter Cooper:** E. Netsi et al., "Association of Persistent and Severe Postnatal Depression with Child Outcomes," *JAMA Psychiatry* 75, no. 3 (2018): 247–53; doi: 10.1001/jamapsychiatry.2017.4363; L. Murray and P. Cooper, "The Role of Infant and Maternal Factors in Postpartum Depression, Mother-Infant Interactions, and Infant Outcome," in *Postpartum Depression and Child Development*, ed. Lynne Murray and Peter Cooper (New York: Guilford, 1997), 129–30.

71　**Pulitzer Prize–winning novel:** Richard Powers, *The Overstory* (New York: W. W. Norton, 2018).

72　**"How to Become a Plant Parent":** Daniela Cabrera, "How to Become a Plant Parent," *New York Times*, May 14, 2018; https://www.nytimes.com/2018/05/14/smarter-living/indoor-plant-garden.html.

第 5 章　在错位 – 修复中发展复原力

73　**We use the word *quotidian* or *everyday* resilience:** J. DiCorcia and E. Tronick, "Quotidian Resilience: Exploring Mechanisms That Drive Resilience from a Perspective of Everyday Stress and Coping," *Neuroscience and Biobehavioral Reviews* 35 (2011): 1593–1602.

74　**Psychoanalyst Erik Erikson:** E. Erikson, *Childhood and Society* (New York: W. W. Norton, 1993), 268–69.

75　**Researchers at the Center on the Developing Child:** J. Shonkoff and A. Garner, "The Lifelong Effects of Early Childhood Adversity and Toxic Stress," *Pediatrics* 129, no. 1 (2012): 232–46.

76　**Adverse Childhood Experiences (ACE) study:** Centers for Disease Control and Prevention, "Adverse Childhood Experiences (ACEs)," May 13, 2014; http://www.cdc.gov/violenceprevention/acestudy/.

77　**an episode of *60 Minutes*:** Oprah Winfrey, "Treating Childhood Trauma," *60 Minutes*, CBS, aired March 11, 2018; https://www.cbsnews.com/news/oprah-winfrey-treating-childhood-trauma/.

78　**Perry's model fits with the model we have developed:** B. Perry, "Applying Principles of Neurodevelopment to Clinical Work with Maltreated and Traumatized Children," in *Working with Traumatized Youth in Child Welfare*, ed. N. B. Webb (New York: Guilford, 2006), 46; B. Perry, "Examining Child Maltreatment Through a Neurodevelopmental Lens: Clinical Applications of the Neurosequential Model of Therapeutics," *Journal of Trauma and Loss* 14 (2009): 240–55.

79　**the lovely phrase *going on being*:** F. R. Rodman, ed., *The Spontaneous Gesture: Selected Letters of D. W. Winnicott* (Cambridge, MA: Harvard University Press, 1987), 17–19.

80　**Winnicott formulated the idea in terms of actual minutes:** D. W. Winnicott, *Playing and Reality* (New York: Routledge Classics, 2005), 131.

81　**We have observed in our lab that the longer the interval:** M. Muller et al., "What Dyadic Reparation Is Meant to Do: An Association with Infant Cortisol Reactivity," *Psychopathology* 48 (2015): 386–99.

82 **Briefly elevated cortisol levels may help a person:** B. S. McEwen, "Central Effects of Stress Hormones in Health and Disease: Understanding the Protective and Damaging Effects of Stress and Stress Mediators," *European Journal of Pharmacology* 583 (2008): 174–85; doi: 10.1016/j.ejphar.2007.11.071.

第 6 章　冲突的游戏：学会融入群体

83 **"It is in playing and only in playing":** D. W. Winnicott, *Playing and Reality* (New York: Routledge Classics, 2005), 73.

84 **we explored the role of games:** F. E. Banella and E. Tronick, "Mutual Regulation and Unique Forms of Implicit Relational Knowing," in *Early Interaction and Developmental Psychopathology*, ed. G. Apter and E. Devouche (Cham, Switzerland: Springer, 2017).

85 **southwestern Kenya:** E. Tronick, *The Neurobehavioral and Social-Emotional Development of Infants and Children* (New York: W. W. Norton, 2007), 134–52; E. Tronick and M. Beeghly, "Infants' Meaning-Making and the Development of Mental Health Problems," *American Psychologist* 66, no. 2 (2011): 112–13.

86 **conference on the science of representation:** Duality's End: Computational Psychiatry and the Cognitive Science of Representation (Stockbridge, MA, September 2018); https://kripalu.org/presenters-programs/duality-s-end-computational-psychiatry-and-cognitive-science-representation.

87 **Jerome Bruner used to tell a fable:** Jerome Bruner, personal communication, 1971.

88 **shortly before his death at the age of ninety-nine:** T. Berry Brazelton, interview with Ellen Galinsky, 2010 Families and Work Institute's Work Life Legacy Award, Mind in the Making, https://www.facebook.com/Mindinthemaking/videos/fwi-2010-legacy-award-berry-brazelton/10156310019352958/.

89 **Neonatal Behavioral Assessment Scale (NBAS):** T. B. Brazelton and J. K. Nugent, *Neonatal Behavioral Assessment Scale*, 4th ed. (London: Mac Keith, 2011).

90 **J. Kevin Nugent and colleagues:** J. K. Nugent et al., *Understanding Newborn Behavior and Early Relationships: The Newborn Behavioral Observations (NBO) System Handbook* (Baltimore: Paul H. Brookes, 2007).

第 7 章　科技产品与"静止脸"范式

91　**the addictive nature of social media:** T. Haynes, "Dopamine, Smart-phones, and You: A Battle for Your Time," *Science in the News* (blog), Harvard University Graduate School of Arts and Sciences, May 1, 2018; http://sitn.hms.harvard.edu/flash/2018/dopamine-smartphones-battle-time/.

92　*Reclaiming Conversation:* Sherry Turkle, *Reclaiming Conversation: The Power of Talk in a Digital Age* (New York: Penguin, 2015), 107–8.

93　*Le Monde* **published an article:** Hervé Morin, "L'exposition des jeunes enfants aux écrans est devenue un enjeu de santé publique majeur," *Le Monde*, May 31, 2017.

94　**cell phone use and Asperger's syndrome:** Turkle, *Reclaiming Conversation*, 108–9.

95　**cell phone use and stress, depression, and anxiety:** J. Elhai et al., "Problematic Smartphone Use: A Conceptual Overview and Systematic Review of Relations with Anxiety and Depression Psychopathology," *Journal of Affective Disorders* 207 (2017): 251–59.

96　**"When we're anxious":** Tracy Dennis-Tiwary, "Taking Away the Phones Won't Solve Our Teenagers' Problems," *New York Times*, July 14, 2018; https://www.nytimes.com/2018/07/14/opinion/sunday/smartphone-addiction-teenagers-stress.html.

97　**Vogel aims to untangle this question:** Erin Vogel et al., "Social Comparison, Social Media, and Self-Esteem," *Psychology of Popular Media Culture* 3, no. 4 (October 2014): 206–22.

98　**Psychoanalyst Danielle Knafo offers a case study:** Danielle Knafo and Rocco Lo Bosco, *The Age of Perversion: Desire and Technology in Psychoanalysis and Culture* (New York: Routledge), 62–80.

99　**high-end "fake babies":** Ibid., 121.

第 8 章　当关系中出现冲突的时候

100　**a post from a parenting blog:** R. Norman, "Avoiding the Trap of the Present but Absent Parent"; https://amotherfarfromhome.com/present-but-absent-parent/.

101　**"Madness here simply means a *break-up*":** D. W. Winnicott, *Playing and Reality* (New York: Routledge Classics, 2005), 131.

102 **Richard Friedman wondered:** Richard Friedman, "Suicide Rates Are Rising: What Should We Do About It?," *New York Times,* June 11, 2018; https://www.nytimes.com/2018/06/11/opinion/suicide-rates-increase-anthony-bourdain-kate-spade.html.

103 **"Suicide in the Age of Prozac":** Robert Whitaker, "Suicide in the Age of Prozac," *Mad in America* (blog), August 6, 2018; https://www.madinamerica.com/2018/08/suicide-in-the-age-of-prozac/.

104 **"This process of *discovering the infant*":** A. F. Lieberman, M. A. Diaz, and P. Van Horn, "Perinatal Child-Parent Psychotherapy: Adaptation of an Evidence-Based Treatment for Pregnant Women and Babies Exposed to Intimate Partner Violence," in *How Intimate Partner Violence Affects Children,* ed. S. A. Graham-Bermann and A. A. Levendosky (Washington, DC: American Psychological Association, 2011), 47–68.

105 **The negative impact on children's development:** E. Netsi et al., "Association of Persistent and Severe Postnatal Depression with Child Outcomes," *JAMA Psychiatry* 75, no. 3 (2018): 247–53; doi: 10.1001/jamapsychiatry.2017.4363.

106 **depressed mothers look away more:** M. K. Weinberg and E. Z. Tronick, "Emotional Characteristics of Infants Associated with Maternal Depression and Anxiety," *Pediatrics* 102 (1998): 1298–304.

107 **One classic study offers dramatic evidence:** René Spitz, "The Role of Ecological Factors in Emotional Development of Infancy," *Child Development* 20, no. 3 (1949): 149.

108 今天，为较大的儿童和青少年设立的收容所和寄宿制治疗中心依然存在。

109 **child psychiatrist Charles Zeanah:** C. Zeanah et al., "Institutional Rearing and Psychiatric Disorders in Romanian Preschool Children," *American Journal of Psychiatry* 166, no. 7 (2009): 777–85.

110 ***Forbes* tellingly titled "It's the Orphanages, Stupid!":** Maia Szalavitz, "It's the Orphanages, Stupid!," *Forbes,* April 20, 2010, https://www.forbes.com/2010/04/20/russia-orphanage-adopt-children-opinions-columnists-medialand.html#71ef91fd21e6.

111 **Tiffany Field, a researcher at the University of Miami:** E. Tronick and M. Beeghly, "Infants' Meaning-Making and the Development of Mental Health Problems," *American Psychologist* 66, no. 2 (2011): 114.

112 **When research assistants in our lab played with the babies:** E. Tronick and T. Field, eds., *Maternal Depression and Infant Disturbance* (San Francisco: Jossey-Bass, 1987).

113 **In one particularly striking set of still-face experiments:** I. Mueller et al., "In a Heartbeat: Physiological and Behavioral Correlates of Event Memory at 4 Months," *Frontiers in Psychology* (under review).

114 **psychoanalyst Robert Furman:** Robert Furman, "Attention Deficit Hyperactivity Disorder: An Alternative Viewpoint," *Journal of Infant, Child, and Adolescent Psychotherapy* 2, no. 1 (2002).

115 **the 5-HTT gene:** A. Caspi et al., "Genetic Sensitivity to the Environment: The Case of the Serotonin Transporter Gene and Its Implications for Studying Complex Diseases and Traits," *American Journal of Psychiatry* 167, no. 5 (2010): 509–27.

116 **infants with the S-allele:** R. Montirosso et al., "Social Stress Regulation in 4-Month-Old Infants: Contribution of Maternal Social Engagement and Infants' 5-HTTLPR Genotype," *Early Human Development* 91, no. 3 (2015): 173–79.

117 **daily mindfulness practice:** R. Davidson and B. S. McEwen, "Social Influences on Neuroplasticity: Stress and Interventions to Promote Well-Being," *Nature Neuroscience* 15 (2012): 689–95.

118 **S version of the 5-HTT gene:** M. Nikolas et al., "Gene × Environment Interactions for ADHD: Synergistic Effect of 5HTTLPR Genotype and Youth Appraisals of Inter-Parental Conflict," *Behavioral and Brain Functions* 6 (2010): 23; https://behavioralandbrainfunctions. biomedcentral.com/articles/10.1186/1744-9081-6-23.

119 **evidence of brain changes with a variety of different types:** D. Linden, "How Psychotherapy Changes the Brain — the Contribution of Functional Neuroimaging," *Molecular Psychiatry* 11 (2006): 528–38.

第 9 章　在无数个瞬间中治愈自己

120 *The Body Keeps Score*: Bessel van der Kolk, *The Body Keeps Score: Brain, Mind, and Body in the Healing of Trauma* (New York: Viking, 2014).

121 **Shakespeare in the Courts:** Ibid., 342–44.

122 **Actor Stephan Wolfert:** See https://www.decruit.org/cry-havoc/.

123 **"These forgotten great beams of light":** Charles Siebert, "What Does a Parrot Know About PTSD?," *New York Times*, January 28, 2016; https://www.nytimes.com/2016/01/31/magazine/what-does-a-parrot-know-about-ptsd.html.

124 **A recent study showed that female war veterans**: Boston University School of Medicine, "Screening Women Veterans with Fibromyalgia for Childhood Abuse May Improve Treatment," *ScienceDaily*, August 8, 2018; www.sciencedaily.com/releases/2018/08/180808134211.htm.

125 **the value in a multitude of different forms**: A. Horvath, "The Therapeutic Relationship: From Transference to Alliance," *Journal of Clinical Psychology* 56, no. 2 (2000).

126 **"We all hope that our patients will finish with us"**: D. W. Winnicott, *Playing and Reality* (New York: Routledge Classics, 2005).

第 10 章　在不确定性中找到希望

127 **In a brilliant essay entitled "The Dangers of Certainty"**: Simon Critchley, "The Dangers of Certainty: A Lesson from Auschwitz," *New York Times*, February 12, 2014; https://opinionator.blogs.nytimes.com/2014/02/02/the-dangers-of-certainty/.

128 **Tara Westover in *Educated***: Tara Westover, *Educated* (New York: Penguin, 2018).

129 ***The Empathy Exams***: Leslie Jamison, *The Empathy Exams* (Minneapolis: Graywolf, 2014), 5.

130 ***When Breath Becomes Air***: Paul Kalanithi, *When Breath Becomes Air* (New York: Random House, 2016), 133.

第 11 章　在错位中找到联结与归属感

131 **Hello It's Me Project**: See https://www.helloitsmeproject.org/.

132 **presentation to their nursing colleagues**: D. Lyle and J. Dallmeyer, "Using the Newborn Behavioral Observations (NBO) System to Promote Healthy Relationships Between Parents and Infants" (presentation, Association of Women's Health, Obstetric and Neonatal Nurses Conference, Atlanta, GA, 2019).

133 **"a whopping 43 percent of respondents"**: T. Carman, "We Hear You, Pete Buttigieg. Salsa and Ranch Really Do Taste Great Together," *Washington Post*, August 2, 2019; https://www.washingtonpost.com/news/voraciously/wp/2019/08/02/we-hear-you-pete-buttigieg-salsa-and-ranch-really-do-taste-great-together/.

134 **"How to Repair the National Marriage"**: David Brooks, "How to Repair the National Marriage," *New York Times,* June 4, 2018; https://www.nytimes.com/2018/06/04/opinion/partisanship-tribalism-marriage-bipartisan-debate.html.

135 **podcast *On Being***: K. Tippett, "The Moral World in Dark Times: Hannah Arendt for Now," *On Being,* May 18, 2017; https://onbeing.org/programs/lyndsey-stonebridge-the-moral-world-in-dark-times-hannah-arendt-for-now-jun2018/.

心理学大师经典阅读

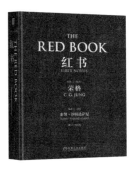